首都に眠る戦国遺構

東京の城めぐり

辻明人 著　小和田哲男 監修

GB

はじめに

「東京の城といえば何?」そう質問すると「江戸城」と答える人は多いでしょう。天守はありませんが、日本最大の城跡です。「他には?」と重ねて尋ねると、「他に城なんてありましたか?」と首をかしげる人が多いかもしれません。

実は東京23区内には約１００、23区外を含めた東京都全体では約２００の中世の城跡があります。東京（南武蔵）は徳川家康の江戸入府まで、寒村ばかりだったというイメージが強いのですが、中世には源頼朝を支えた武士たちを輩出。討幕を目指す新田義貞らが駆け抜け、さらには扇谷上杉氏の重臣・太田道灌が活躍し、戦国時代の最盛期には小田原の北条氏の版図となりました。

そんな激動の時代を生きた人々の痕跡が、城跡として、東京のそこかしこに残っています。意外にもあなたの住まいや、仕事場のすぐ近くに、ひっそりとたたずんでいるかもしれません。

本書はそんな城跡を120余り、取り上げました。かつての姿を留める城跡では、防御施設の知恵に驚嘆させられますし、伝承のみが残る城跡でも、なぜそこに城が築かれたのか、地形や交通事情を知るにつけ、かつてそこで生きた人々の息遣いを実感できることでしょう。そんな中世の歴史に触れる入口として、本書が少しでもお役に立てるならば、これ以上の喜びはありません。

辻　明人

首都に眠る戦国遺構 東京の城めぐり

はじめに 2
城郭の基本用語 8

序章 江戸城探訪

江戸城（千代田区　他） 10
東京江戸城散歩 14
Column① 太田道灌と江戸の城 16

第1章 23区城めぐり 北部・東部編

赤塚城（板橋区） 20
志村城（板橋区） 22
徳丸石川遺跡（板橋区） 24
舟渡遺跡（板橋区） 25
稲付城（北区） 26
滝野川城（北区） 28
飛鳥山城（北区） 29
平塚城（北区） 30
梶原堀之内（北区）／袋の殿山（北区） 31
中曽根城（足立区） 32
伝宮城氏館（足立区）／舎人屋敷（足立区） 33
石浜城（荒川区） 34
道灌山（荒川区） 35
葛西城（葛飾区） 36
伝葛西清重館（葛飾区）／長島高城（江戸川区） 37
東京城跡MAP（23区北部・東部） 38
Column② 城があったことを示す地名 40

第2章 23区城めぐり 西部・南部編

星ヶ岡城（千代田区） 42

白金城（港区）　43
今井城（港区）　44
西久保城（港区）／番神山城（港区）　45
牛込城（新宿区）　46
御殿山城（新宿区）　47
筑土城（新宿区）　48
城山（中野区）／中野長者屋敷（中野区）　49
渋谷城（渋谷区）　50
石神井城（練馬区）　52
愛宕山砦（練馬区）／右馬頭屋敷（練馬区）　54
練馬城（練馬区）　55
世田谷城（世田谷区）　56
奥沢城（世田谷区）　58
赤堤砦（世田谷区）／烏山城（世田谷区）　59
等々力城（世田谷区）／深沢城（世田谷区）　60
瀬田城（世田谷区）　61
喜多見城（世田谷区）　62
伝目黒氏館（目黒区）／伝今川氏館（品川区）　63
伝梶原氏館（品川区）　64
御殿山城（品川区）／伝品川氏館（品川区）　65
池上氏館（大田区）　66
新井宿城（大田区）　68
馬込城（大田区）　69
斎藤氏屋敷（大田区）　70
行方氏館（大田区）／六郷殿館（大田区）　71
東京城跡MAP（23区西部・南部）　72
Column③　城跡に神社・寺が多い理由　74

第3章　多摩地域の城めぐり　東部編

天神山城（三鷹市）　76
島屋敷（三鷹市）　77
牟礼砦（三鷹市）　78
伝狛江入道館（調布市）／柴崎陣屋（調布市）　79
深大寺城（調布市）　80
浅野長政屋敷（府中市）　82
高安寺塁（府中市）　83

谷保の城山（国立市）……84
伝立川氏館（立川市）……86
小沢城（稲城市）……87
小沢蔵屋敷（稲城市）……88
長沼城（稲城市）／百村館（稲城市）……89
大丸城（稲城市）……90
川辺堀之内城（日野市）……91
高幡城（日野市）……92
伝日奉氏館（日野市）……94
平山城（日野市）……95
平山氏館（日野市）……96
百草城（日野市）……97
関戸城（多摩市）……98
佐伯屋敷（多摩市）……99
小野路城（町田市）……100
小山田城（町田市）……102
沢山城（三輪城）（町田市）……104
殿丸城（町田市）……105
井出ノ沢塁（町田市）……106
成瀬城（町田市）……107
東京城跡MAP（多摩地域東部）……108
Column④ 東京を拠点にした氏族……110

第4章 多摩地域の城めぐり 西部編

八王子城（八王子市）……114
小田野城（八王子市）……118
滝山城（八王子市）……120
高月城（八王子市）……122
浄福寺城（八王子市）……123
片倉城（八王子市）……124
伝大江氏館（八王子市）／出羽山砦（八王子市）……126
廿里砦（八王子市）／伝梶原氏館（八王子市）……127
初沢城（八王子市）／由木城（八王子市）……128
松木屋敷（八王子市）／村山城（瑞穂町）……129
根小屋城（あきる野市・八王子市）……130
網代城（あきる野市）……131

戸倉城（あきる野市） 132
今井城（青梅市） 133
勝沼城（青梅市） 134
辛垣城（青梅市） 135
館の城（青梅市） 136
藤橋城（青梅市） 137
御嶽城（青梅市） 138
檜原城（檜原村） 139
東京城跡MAP（多摩地域西部） 140
Column⑤ 多摩に残る平将門伝説 142

終章 東京近郊の名城めぐり

埼玉県の名城 144
忍城／川越（河越）城／鉢形城／杉山城
茨城県の名城 146
笠間城／水戸城／土浦城／太田城
栃木県の名城 148
唐沢山城／宇都宮城／飛山城／黒羽城
群馬県の名城 150
高崎城／金山城／箕輪城／沼田城
神奈川県の名城 152
小田原城／石垣山城／小机城／河村城
千葉県の名城 154
佐倉城／本佐倉城／大多喜城／久留里城
掲載城跡名索引 156

データ欄とアイコンの見方

DATA
① 北区赤羽西1丁目
② 不明、太田道灌が改修
③ 太田康資（道灌の曾孫）
④ JR赤羽駅より徒歩約3分
⑤ 史 都指定旧跡

①所在地
②築城時期
③築城者、主な城主
④交通アクセス
⑤国、都、または市区町村による史跡指定

＊交通アクセスは鉄道駅から徒歩で行く場合の最短、あるいはそれに準ずるコースを想定したものです。あくまでもアクセス方法の一部であることをご了承ください。

＊本書では原則として中世に築かれた城館跡を掲載していますが、見所の多い城跡については、一部、中世以前、または以降に築城された城も掲載しています。

＊本書の情報は2021年6月現在のものです。

城郭の基本用語

城を語る際、よく使われる専門用語がある。慣れていないと「何のことかわからない」と感じられるだろう。そこで本書の中でも使われている基本的な城郭用語を簡単に紹介、解説しよう。

●曲輪（くるわ）
城を構成する平場の区画。一の曲輪、二の曲輪、三の曲輪、外曲輪などという。本丸、二の丸、三の丸といった丸が使われるのは文禄（ぶんろく）年間（1592～96）以降、江戸時代のこと。

●主郭（しゅかく）
城の最も中心となる曲輪のこと。本曲輪、一の曲輪ともいう。山城では最高所に置かれることが多い。

●腰曲輪（こしぐるわ）
山城などで面積の広い曲輪に付属して、中腹に緩やかな斜面を削って造った細長い曲輪。攻撃拠点になる。

●帯曲輪（おびぐるわ）
腰曲輪と類似し、帯状になった曲輪。

●土塁（どるい）
曲輪の仕切りなどのために、土を盛り上げて造った防壁。

●虎口（こぐち）
曲輪の出入口。本来の小口が虎口に。

●桝形（ますがた）
虎口の内側か外側に設けた方形の区画で、敵を多方向から攻撃する。

●馬出（うまだし）
虎口を守るため、虎口外側に設けた小区画。外に向けた門を備える。

●横矢掛かり（よこやがかり）
横矢とも。曲輪の縁（へり）をクランク状にし、虎口等に寄せた敵を側面攻撃する。

●空堀（からぼり）
水の入っていない堀だが、中世城郭では多様な堀の総称としても使われる。

●堀切（ほりきり）
山城などで、尾根の延びる方向に直角に掘り切り、敵の進路を遮断する。

●横堀（よこぼり）
土塁、曲輪の側面に並行し、等高線上に掘ったもの。敵を堀底に下ろす。

●竪堀（たてぼり）
山の斜面に、等高線に対して直角に設けた堀。斜面を登る敵の横移動を封じる。

●障子堀（しょうじぼり）
堀内に連続して障害が設けられた堀。堀に下りた敵の動きを封じる。

●曳橋（ひきばし）（引橋）
戦時に橋桁（げた）を残し、橋の板を曲輪内に引き込んで、敵が橋を渡れなくする構造の橋。

●陣城（じんじろ）
合戦の際に設けられた臨時の城。

●詰の城（つめのしろ）
平時の居館に対し、戦など有事の際に用いる城。

●縄張（なわばり）
城の全体像の設計プラン。

序章

江戸城探訪

江戸城　桜田巽櫓（手前）と富士見櫓（左奥）

©ABC/PIXTA

関東平野の南端、関八州のほぼ中央に築かれた江戸城。
江戸時代には、徳川氏 15 代の居城として幕府が置かれ、
約 260 年もの間、泰平の世の中心であり続けた。
今も残る遺構はほとんどが近世のものだが、その歴史は室町時代まで遡る。

EDO-JO

江戸城

■ 日本一の規模を誇る徳川将軍の城

三の丸巽櫓

巽櫓(辰巳櫓、桜田巽櫓)は、江戸城に現存する三つの櫓の一つだ。本丸から東南(巽)の方角にある二重の隅櫓で、石落としを備えている。

道灌が拡張し、家康が本拠とした大城郭

「皇居のあるところが昔の江戸城」。そう思っている人は少なくない。間違いではないが、天皇陛下がお住まいの皇居は、実は江戸城のごく一部だ。かつての江戸城は、現在の千代田区全域と中央区の大半、港区の一部を含む、世界でも稀な大城郭だった。

江戸城を最初に築いたのは太田道灌とされるが、それ以前の12世紀半ばに、江戸重継がのちの本丸付近に館を構えていたという。本格的な城郭を築いたのが扇谷上杉氏の家宰（※）であった道灌で、康正２年（１４５６）頃のこと。城の中心は、のちの本丸付近と思われる。その後、北条氏の支城時代を経て、天正18年

※家宰…家長に代わって家政を取り仕切る役職。

江戸城全景

東南上空より。手前の皇居外苑が西の丸下曲輪、中央の宮殿のある場所が西の丸、その右の石垣のある一帯が本丸で、本丸が高いことがわかる。

©northsan/PIXTA

©i-flower/PIXTA

西の丸伏見櫓と多聞櫓

伏見櫓と多聞櫓は現存する三つの櫓の一つ。京都の伏見城からの移築とも伝わる。

©degu66/PIXTA

©massyu/PIXTA

本丸富士見櫓

富士見櫓は現存する三つの櫓の一つ。三重櫓で、焼失した天守の代役だった。

（1590）の徳川家康の関東入封に伴い、家康の本拠となった。

家康は大規模な再構築を始め、幕府を開いたのちは全国の大名を動員する「天下普請」を進める。江戸城が一応の完成を見るのは、三代将軍家光の世の寛永15年（1638）で、本丸・二の丸・三の丸・西の丸・北の丸・吹上曲輪・外郭（外曲輪）に三十六見附を有する巨大近世城郭となった。

天守台

上って見学できる天守台石垣の大半は、明暦の大火後に前田家が積み直したもの。正面や内側に確認できる黒っぽい石が家光時代のものだ。

©hister0201/PIXTA

将軍の権力の象徴、本丸天守台

お城＝天守、と思っていないだろうか。天守は城主の権威を示すためのシンボル的な建築物だが、城の一部にすぎない。しかも必要不可欠ではないため、天守を最初から作らなかった城や、何らかの事情で失われ、再建しなかった城も少なくない。江戸城も、再建しなかった城の一つ。

かつて江戸城は三回、天守をあげている（天守は「建てる」ではなく、「あげる」という）。最初は慶長12年（1607）に徳川家康が本丸中央にあげ、最近発見された最古級の江戸城絵図「江戸始図」によると、大天守と小天守が

『江戸城天守櫓図』（国立国会図書館蔵）。江戸城天守を南東側から鳥瞰した図。

※高麗門…本柱2本と控え柱2本からなる、主に城郭で用いられた門。　※櫓門…上階に櫓をのせた門。

外桜田門（西の丸下）

国指定重要文化財で、小田原街道の始点にあたるため小田原口とも呼ばれていた。左の高麗門（※）から右に90度折れてくぐる櫓門（※）は、いずれも現存建造物。

©Tony/PIXTA

清水門の石段

櫓門の先はU字に折れ、歩きにくい石段が続く。

©Tony/PIXTA

北の丸清水門

高麗門は現存建造物。桝形虎口が、当時の面影を色濃く残している。

©lalala/PIXTA

©イッシー/PIXTA

三の丸平川門

大奥女中の通用門で、不浄門（※）が隣接。平川橋の擬宝珠には寛永や慶長などの銘が彫られている。

DATA

- 千代田区及びその隣接地
- 康正2年（1456）～長禄元年（1457）、永禄6年（1563）頃～天正3年（1575）、天正19年（1591）、慶長9年（1604）～寛永15年（1638）
- 太田道灌、北条氏康・氏政（改築）、徳川家康・秀忠・家光
- 史 国指定特別史跡

つながる、姫路城のような「連立天守」だった。続いて二代将軍徳川秀忠が元和9年（1623）に、天守台を北寄りに移して新たに造営。さらに三代将軍徳川家光は寛永15年（1638）、現在も残る天守台の位置に五層六階の天守をあげた。壁を銅板で覆い、天守台を含め58メートルもの高さを誇ったが、明暦3年（1657）の大火で焼失、以後再建されなかった。

※不浄門…場内の糞尿や死体、罪人などを城外に出す門のこと。

東京の各所に残る江戸城の痕跡

都内で、大きな石垣に出くわすことがある。たとえばJR四ツ谷駅前やJR飯田橋駅西口付近。これらは「見附」と呼ばれる江戸城外堀の城門跡だ。地名に残る赤坂見附もそうである。

かつての江戸城の外堀は、神田川を北辺にして外郭を「の」字に囲んでおり、要所に見附を設けて、出入りする者を見張っていた。その数、俗に「三十六見附」と呼ばれる。見附は高麗門と櫓門からなる枡形で、いわば小型の砦のようなもの。今も全長約15キロに及んだ外堀跡をたどると、見附跡だけでなく、随所に石垣や土塁などを見つけることができ、江戸城の鉄壁の防御を実感できるだろう。

巽櫓

日比谷見附跡

日比谷門は内堀の城門で、日比谷交差点付近に枡形の城門があった。日比谷公園内に石垣の一部が残る。

千代田区日比谷公園内

©taka/PIXTA

仙台堀

飯田橋駅付近から秋葉原駅付近の神田川の異称。伊達政宗が本郷台地を深く開削し、江戸城の防備を高めたことに由来する。

千代田区神田駿河台4丁目付近

©ふくいのりすけ/PIXTA

牛込見附跡

飯田橋駅前の石垣は、牛込見附の桝形の一部。近くに阿波蜂須賀家の建造を示す、阿波守と彫られた石も残る。

千代田区富士見2丁目

平川門
清水門
天守台
富士見多門櫓
富士見櫓
桜田門

©アン・デオール/PIXTA

市ヶ谷堀

JR市ケ谷駅前には市ヶ谷見附があり、付近の外堀は市ヶ谷堀と呼ばれた。市ヶ谷橋の橋台に石垣が残る。

千代田区九段南4丁目、新宿区市谷田町1丁目付近

©Caito/PIXTA

赤坂見附跡

駅名にもなっている赤坂見附は、江戸城南西の城門。桝形石垣が残る。その東には大きな溜池が広がっていた。

千代田区紀尾井町1丁目、平河町2丁目付近

Column ①

太田道灌と江戸の城

築城の名手にして、歌人としても高名な武将

東京の城、いや武蔵国（現、東京都、埼玉県、神奈川県の一部）の城を語る際に、決して外せないキーパーソンがいる。太田道灌だ。

江戸城ゆかりの人物として知られる一方、「山吹の里」伝説も各地に残る。およそ次のようなものだ。鷹狩中、にわか雨に遭った道灌が蓑を借りようとある農家を訪れると、農家の娘は蓑ではなく、一輪の山吹を差し出した。意味がわからないまま帰った道灌は、のちに「七重八重 花は咲けども山吹の 実の一つだに なきぞ悲しき」の古歌にかけて、娘が蓑一つないと伝えていたことを知る。以後、道灌は和歌の研鑽に励み、歌人として一流になった……。伝説の真偽はともかく、道灌が和歌にも堪能な、文武に秀でた武将だったのは確かだろう。

最前線基地として築かれた江戸城

道灌が活躍したのは、戦国時代初期の頃。一般に戦国時代は、応仁元年（１４６７）に京都で起きた応仁の乱から始まるとされるが、関東ではその12年も前から戦乱の世に突入していた。享徳の乱（１４５５〜83）だ。

室町時代、足利将軍の幕府は京都にあり、関東は出先機関である鎌倉府の鎌倉公方が統治を行った。公方は足利氏の一族で、補佐役である関東管領を上杉氏が務めたが、やがて両者は対立。公方の足利成氏が関東管領の上杉憲忠を暗殺したのをきっかけに、足利対上杉の、

『肖像』より太田道灌像（国立国会図書館蔵）

絵に記された「小机は先ず手習ひのはじめにて、いろはにほへとちりぢりになる」は、道灌が小机城を攻めた時、味方を鼓舞するために詠んだ歌。

道灌堀

江戸城西の丸に道灌堀がある。太田道灌の築城時のものだともいい、上道灌堀、中道灌堀、下道灌堀に分かれているが、推定される城域からは遠い。

日枝神社

太田道灌が江戸城築城にあたり、鎮護の神として川越山王社（仙波日枝神社）を勧請したと伝わる。徳川秀忠による江戸城大改造の際、城内より現在地に遷された。

双方を支援する勢力を巻き込んでの戦乱となる。これが享徳の乱の始まりだった。

鎌倉を離れた成氏は古河を拠点に、現在の栃木・茨城・千葉の勢力を味方とし、古河公方と呼ばれた。一方、上杉方は主に群馬・埼玉・東京・神奈川の勢力を集める。両者は当時の利根川を境に、東西に対峙した。

当時の上杉氏は関東管領を務める山内上杉氏と、同族の扇谷上杉氏が勢力を二分していた。扇谷上杉氏の家宰（筆頭重臣）が太田道灌である。

康正2年（1456）頃、道灌は江戸城を築城。古河方に対する上杉方の最前線基地だった。あわせて上杉方は河越城（川越市）、岩付城（岩槻市）、五十子陣（本庄市）を整備し、攻守ラインを

『東都名所 道灌山虫聞之図』
（国立国会図書館蔵）

道灌山は一説に太田道灌の砦跡とも言われており、城山とも呼ばれていたという。江戸時代には眺望のよい名所として知られ、秋の虫の鳴き声を楽しむ場所として、風流を好む人々に愛された。

形成、道灌は江戸城と岩付城を結ぶ城として稲付城も築く。

文明3年（1471）、上杉方は古河城を攻め、足利成氏は千葉氏のもとに逃げるが、2年後に五十子陣を逆襲。この戦いで道灌の主君上杉政真が討死し、扇谷上杉の当主は定正に替わった。以後も、にらみ合いが続く。

日暮里駅前の太田道灌騎馬像

道灌山をはじめ、日暮里周辺には物見塚や山吹の里など道灌関連の伝承が多い。

長尾景春の乱と殊勲者の最期

文明8年（1476）、山内上杉の重臣・長尾景春が主家に背いて挙兵、古河方と手を結ぶ長尾景春の乱が起きる。南武蔵に勢力を張る豊島泰経も長尾に味方し、道灌の江戸城は河越城との連絡を断たれてしまった。

ところが、道灌は的確に動く。翌文明9年（1477）3月、相模（現、神奈川県）の長尾方の2城を落とすと、4月には豊島泰経勢を江古田原・沼袋の戦いで破り、豊島氏本拠の石神井城を攻略。泰経は平塚城に逃げ、没落した。この豊島氏との戦いでは、同族との争いに敗れて上杉方を頼り、赤塚城、志村城、石浜城に入っていた千葉実胤一族も道灌の下で活躍したという。

道灌は翌月、用土原（寄居町）の戦いで長尾勢を破り、翌年には小机城（横浜市）を攻略。そして文明12年（1480）、長尾方の最後の砦・日野城（秩父市）を落とし、景春の乱を決着させた。2年後、古河方との和議が成立。道灌の活躍で、28年に及んだ享徳の乱はようやく終結する。

ところが最大の殊勲者・道灌の声望を主の扇谷上杉定正は怖れ、文明18年（1486）に、館に呼び寄せて暗殺した。道灌最期の言葉は「当方滅亡」だったという。

江古田原・沼袋古戦場跡碑

南武蔵の名族である豊島氏を、太田道灌が破った戦いの跡地。江戸城を築き、武蔵に勢力を広げていく道灌の存在は、豊島氏にとっては脅威だった。

第1章

23区城めぐり

北部・東部編

赤塚城　二の丸跡の梅林　©SUYA/PIXTA

東京23区には、太田道灌ゆかりの稲付城をはじめ、
武蔵国（むさしのくに）で覇を競った多くの武将たちが城館を築いた。
23区北部および東部には、ほかにも豊島（としま）氏、千葉（ちば）氏、葛西（かさい）氏ら、
多くの名族たちが、その足跡を残している。

赤塚城

AKATSUKA-JO

■ 湧水に恵まれた武蔵千葉氏の本拠

本丸跡

本丸（一の曲輪）跡は東西約80m、南北約60mで、広々としている。

POINT

溜池横の、赤塚城関連の資料を展示する郷土資料館もぜひ見学を

昭和30年代の赤塚城址

現在の赤塚城址公園の溜池横付近から、丘陵上の城跡を望んでいる。平山城の雰囲気がよく伝わってくる。

写真提供：板橋区立郷土資料館

北に荒川を、東に鎌倉街道を押さえる

西高島平駅から、住宅街を南へ徒歩約15分。首都高速の向こうに見えてくる丘陵上に、赤塚城はあった。かつて城の水堀の役割だった湧水は、今も溜池が面影を伝え、区民が憩う赤塚城址公園の中心となっている。

武蔵野台地の北東端に築かれた赤塚城は、北に荒川を望み、東に鎌倉街道を押さえていた。築城時期は不明だが、豊島氏の一族赤塚氏の居城だったという。

その後、享徳の乱で下総（現、千葉県北部、茨城県の一部）を追われた千葉実胤一族が扇谷上杉氏を頼った際、与えられた城の一つが赤塚城だった。

千葉氏は太田道灌に加勢し、豊

赤塚城址遠望

昭和30年代の写真と近い場所からの撮影。今は木々が鬱蒼と茂り、城跡とはわかりにくいが、溜池は健在だ。

本丸より溜池方向を望む

本丸北は急な斜面である。北方の見晴らしはよかったろう。また湧水の溜池は、かつて水堀の役割を果たしていた。

二の丸跡の梅林

本丸南に広がる梅林は、二の丸（二の曲輪）跡。本丸とは堀切で隔てられていた。東西約50m、南北約100m。

写真提供：城郭放浪記

沖山の塁（赤塚公園）

赤塚城跡から東に旧鎌倉街道を挟んで約800m、赤塚公園一帯に、土塁や堀が残る。柱跡なども見つかっているが、赤塚城との関連は不明。

島氏との戦いで活躍するが、のちに小田原北条氏に仕え、小田原攻めで北条氏が滅んだ際に、赤塚城も廃城となっている。

城は本丸、二の丸、三の丸（一の曲輪、二の曲輪、三の曲輪）からなり、随所に堀跡などを見ることができる。付近の乗蓮寺は外曲輪跡とされ、また赤塚公園の沖山の塁も、城と関連する施設の可能性がある。

DATA

- 板橋区赤塚5丁目
- 不明
- 千葉自胤、武蔵千葉氏
- 都営地下鉄三田線西高島平駅より徒歩約15分

志村城

SHIMURA-JO

■ 街中の丘にあった武蔵千葉氏の支城

志村熊野神社境内

長久3年(1042)に志村将監が、紀州熊野より勧請したと伝わる。神社が鎮座するのは二の丸(二の曲輪)。

©mr.アルプ/PIXTA

赤塚城の東、荒川を北に望む

地下鉄の志村三丁目駅から南に向かうとすぐ、街中に突然、丘が現れる。丘の麓は志村城跡公園。そして丘の上が、志村城跡だ。

築城年は不詳だが、二の丸に鎮座する熊野神社は長久３年（１０４２）、志村将監の創建といわれ、豊島氏の一族志村氏の居城であったという。

やがて赤塚城と同様に扇谷上杉氏によって千葉一族に与えられ、志村城は赤塚城の支城という位置づけで、千葉信胤が城主となった。大永４年（１５２４）、北条氏綱によって城は落とされ、千葉一族は北条氏に従属。しかし小田原攻めで北条氏が滅ぶと、志村城も廃城になったという。

昭和30年代の志村城址

東西に長い台地上に城が築かれていたことがよくわかる。当然ながら昔は、周囲の眺望もきわめてよかっただろう。

写真提供：板橋区立郷土資料館

志村城跡碑

碑の建つ場所や幼稚園、小学校は二の丸にあたる。西側の本丸とは、かぎ状に屈曲した堀切で区画されていた。

POINT

最大の見所は、神社社殿横の空堀と土塁。わずかに残る城の名残を感じてみよう

土塁跡

熊野神社社殿の西側、空堀に沿った西側の高まりが土塁跡と推定される。発掘調査は行われていないという。

城は赤塚城の東、荒川を北に望む台地上に築かれ、西から南側には出井川（でいがわ）が回り込んでいた。現在、熊野神社が建つのが二の丸、その西が本丸、二の丸の東が三の丸と推定され、遺構は少ないが、地形が城らしさをよく伝える。また東にある志村坂上（さかうえ）遺跡は、志村城外曲輪の可能性がある。

空堀跡

熊野神社社殿の西側に残る空堀。浅くなってはいるが、空堀は途中で西に、クランク状に屈曲している。

DATA

- 板橋区志村2丁目
- 不明
- 千葉信胤、武蔵千葉氏
- 都営地下鉄三田線志村三丁目駅から徒歩約3分

徳丸石川遺跡

TOKUMARU ISHIKAWA ISEKI

■千葉氏の城館か？
徳丸高山城の伝承地

写真提供：板橋区教育委員会

発掘時の障子堀

障子堀は空堀の中についたて（障子）を設け、侵入者に堀底を歩かせないための工夫。障子の桟に似ているから障子堀と呼ぶ、というわけではない。

徳丸三ツ和公園

館跡とされる公園。板橋区立郷土資料館発行『発掘調査成果から見た板橋区の原始・古代・中世』によると、付近に徳丸高山城があったとの伝承があるという。

障子堀が発見された詳細不明の遺跡

昭和61年（1986）、住宅地造成工事中にV字の溝が現れ、調査の結果、確認されたのが徳丸石川遺跡だ。

沖山の塁の少し南東で、西高島平駅から徒歩15分ほどの住宅地の中に位置する。

特筆すべきは、障子堀が発見されたことだ。障子堀は関東の城に多く、北条氏もよく使った。本遺跡も北条氏配下の千葉氏の館跡などの可能性がある。

DATA

- 板橋区徳丸5丁目
- 不明
- 不明
- 都営地下鉄三田線西高島平駅より徒歩約15分

舟渡遺跡

FUNADO ISEKI

■ 交通の要衝を押さえた
中世城館の遺構

発掘時の様子

溝に囲まれた遺構が発見された。推定規模は東西350m、南北400m。

写真提供：板橋区教育委員会

現在の舟渡遺跡

遺跡のすぐ脇を、新幹線の高架が走る。今は館跡を連想させるものはない。

出土した面頬

面頬（顔面を守るための防具）の鼻部分。分析の結果、鉄地に革と漆を9層も塗り重ねていることがわかった。

写真提供：板橋区教育委員会

写真提供：板橋区教育委員会

出土した漆椀

材質はクリで、内面に赤漆、外面に黒漆を塗布し、草花紋が施されている。

面頬が出土した、荒川をにらむ館跡

東北新幹線工事に伴う調査で、昭和58年から翌年（1983～84）にかけて発見されたのが舟渡遺跡だ。志村城の北約2キロ、荒川の右岸で、浮間舟渡駅から徒歩約10分の場所にある。

溝や堀で囲まれた遺構は中世の城館跡の可能性が高く、交通の要衝である荒川の渡河点を押さえていたのだろう。武具の面頬が出土しており、武装した者たちがいたことがわかる。

DATA

板橋区舟渡1～2丁目

不明

不明

JR埼京線浮間舟渡駅より徒歩約10分

稲付城

INATSUKE-JO

■太田道灌が築いた
江戸城と岩付城の「繋ぎの城」

POINT
石段下から、城跡に沿った道を歩くと、崖の先端にあった城を実感できる

参道入口の石段
静勝寺の山門へと続く急な石段は、稲付城東側の崖にあたる。北側、西側も崖だが、東側が最も急峻だ。かつては北と東に入間川が面していた。

入間川（いるまがわ）と亀ヶ池（かめがいけ）を天然の堀に

JR赤羽（あかばね）駅から西に向かってすぐ、起伏に富んだ住宅地に急な丘と石段が現れる。静勝寺（じょうしょうじ）の石段で、その上の境内がかつての稲付城の主郭（本丸）だ。

武蔵野台地の北東端、標高約21メートルの舌状（ぜつじょう）台地（※）先端に築かれた稲付城は、北と東を入間川が洗い、西は亀ヶ池を天然の堀として、東を走る岩付（いわつき）（岩槻）街道を押さえていた。

もともとは豊島氏の砦があったが、太田道灌が築き直し、江戸城と岩付城方面を結ぶ「繋（つな）ぎの城」にしたという。

その後、道灌の孫・資高（すけたか）が扇谷上杉氏から離反して北条氏に従い、その子・康資（やすすけ）は稲付城主に任じら

※舌状台地…舌のような形状で低地に突き出した台地の末端。三方が崖や斜面となるため築城に適している。

自得山静勝寺境内
開基は太田道灌で、道灌の菩提寺。自得は道灌の父・資清（道真）の戒名、静勝は道灌の戒名にちなんでいる。

稲付城跡碑
稲付という地名は、毎年台風の頃に、入間川が上流からたくさんの稲穂を運んできたことに由来するという。

境内の道灌堂
道灌の木像を安置し、毎月26日に開扉される。

境内に残る稲付城の石
発掘調査の際に出土した、稲付城時代のものと思われる石。調査では16世紀前半頃の内耳鍋も出土している。

れた。しかしながら、天正18年（1590）の小田原攻めによる北条氏滅亡とともに、廃城になったと思われる。

城域は主郭から平坦な台地の南側へと広がり、城の南端には堀を切って、台地と遮断していた。今も周囲には空堀跡と思われる道や、曲輪や居住地の跡と思われる、削平地（斜面を削り平坦にした土地）などを見ることができる。ちなみに城跡の西にある亀ヶ池弁天は、かつて城の堀の役割であった亀ヶ池の名残であるともいう。

DATA

- 北区赤羽西1丁目
- 不明、太田道灌が改修
- 太田康資（道灌の曾孫）
- JR赤羽駅より徒歩約3分
- 史 都指定旧跡

滝野川城

TAKINOGAWA-JO

■頼朝布陣伝承が残る滝野川氏の城

金剛寺山門

弘法大師がこの地で不動明王像を彫ったという。寺の中興は戦国の頃か。

POINT

豊島一族の城は石神井川沿いに多いため、滝野川城もその可能性がある

緑地公園と金剛寺

もみじ緑地公園内にはかつて、岩屋にまつられた弁財天像があり、源頼朝が太刀一振りを奉納したという。

鎌倉街道の渡河点を望む段丘上の城

王子駅から石神井川沿いに西へ。紅葉橋を過ぎると、金剛寺がある。かつて鎌倉に向かう源頼朝が、周辺に布陣したという伝承が残る地だ。一方で金剛寺は、滝野川城の跡だという。豊島氏の一族・滝野川氏の居城で、豊島氏の平塚城の支城であったとも。太田道灌に敗れた豊島氏が没落すると、滝野川城も廃城になったと伝わる。現在、城の遺構はないが、旧鎌倉街道の渡河点・松橋を望む、石神井川の段丘縁辺という立地だ。

DATA

- 北区滝野川3丁目
- 不明
- 滝野川氏
- JR京浜東北線、東京メトロ南北線王子駅より徒歩約12分

飛鳥山城

ASUKAYAMA-JO

桜の名所になった豊島氏ゆかりの城

©ジャバ/PIXTA

©Ko/PIXTA

飛鳥山全景

王子駅が隣接する飛鳥山は、豊島氏にまつわる古い歴史を秘めている。

北区飛鳥山博物館

主に北区の郷土資料を展示。中世のコーナーでは、太田道灌木像や豊島清光(としまきよみつ)木像の複製を見ることができる。

©mr.アルプ/PIXTA

山裾の「飛鳥の小径」を彩る紫陽花。

飛鳥山(あすかやま)の名の由来は熊野の飛鳥明神(みょうじん)から

徳川8代将軍吉宗(よしむね)によって桜の名所となり、明治時代には渋沢栄一(しぶさわえいいち)が別荘を構えた飛鳥山だが、中世の城跡という伝承もある。飛鳥山の東に滝野川城を築いた、豊島氏の一族滝野川氏の出城だった、というものだ。

飛鳥山という地名は、平安時代の末に豊島氏が、紀州熊野(きしゅうくまの)よりこの地に飛鳥明神、王子権現(おうじごんげん)を勧請(かんじょう)したことに由来するという。豊島氏の本拠・平塚城にも近く、遺構はないものの、城砦跡であっても不思議ではない。

DATA

- 北区王子1丁目
- 不明
- 滝野川氏
- JR京浜東北線、東京メトロ南北線王子駅より徒歩約5分

平塚城

HIRATSUKA-JO

■ 実態が解明され始めた 豊島氏の本拠

平塚神社境内と社殿

豊島近義が源義家拝領の鎧を埋め、義家らの木像を祀った社に始まる。

POINT

近年の発掘調査により、伝承地だった平塚城の実態が明らかになりつつある

蝉坂

平塚神社参道の東側に沿う長い坂。その名は、太田道灌が平塚城を攻めた際の「攻め坂」が転じたものという。

©髙橋義雄/PIXTA

城内に埋められた八幡太郎義家の鎧

かつて平塚神社付近には豊島郡の郡衙（役所）があり、平安時代末に豊島近義が築いた城館が平塚城の始まりとされる。奥州遠征の帰路、源義家が城に立ち寄り、近義に鎧を与えた。義家の死後、近義は城内に鎧を埋めて塚として祀り、平塚の名はこの鎧塚に由来するという。以後、石神井城に移るまで、平塚城は豊島氏代々の本拠だった。近年の発掘調査で、付近から城跡を裏づける遺構が多数発見されている。

DATA

- 北区上中里1丁目
- 平安時代末とも
- 豊島氏
- JR京浜東北線上中里駅より徒歩約3分

梶原堀之内

KAJIWARA HORINOUCHI

都電荒川線の梶原駅

江戸時代から明治中期まで、付近の地名は梶原堀之内村だった。現在は地名から消え、福性寺の梶原塚の塔と都電の駅名にその名を留めている。

駅名と塚に面影を残す謎の城

鎌倉時代、この地に宇都宮氏の館があったというが、一帯は豊島氏の勢力圏だ。その後、北条氏に仕えた梶原政景（太田道灌の子孫）が領地とし、城館を営んで、梶原堀之内という地名になったという。

遺構はなく、政景が死後に祀られたという梶原塚の宝篋印塔が福性寺に残るのみ。政景は福井県にも墓があり、詳細はよくわからない。

DATA

- 北区堀船3丁目付近
- 不明
- 不明
- 福性寺まで都電荒川線梶原駅より徒歩約8分

袋の殿山

FUKURO NO TONOYAMA

▲東京北医療センター　諏訪神社▶

一説に、城址は諏訪神社から国立王子病院（現、東京北医療センター）の範囲とし、神社と病院の間の坂道を堀切と見れば、2つの曲輪で構成された城だともいう。

殿山と地形が連想させる謎の城

池袋、沼袋など、袋がつく地名は低湿地を指すことが多い。そこに位置する殿山は、低湿地に突き出た高地のことで、築城に向いた土地である。稲付城の西北――赤羽北の諏訪神社の付近がまさにそうだ。荒川南岸の台地の先端にあたり、神社の南を旧鎌倉街道が走る。しかし、館を連想させる殿山の地名以外は、遺構も伝承も存在しない。

DATA

- 北区赤羽北3丁目
- 不明
- 不明
- 諏訪神社までJR埼京線北赤羽駅より徒歩約8分

中曽根城

NAKASONE-JO

荒川を南に望む武蔵千葉氏の城

写真提供：足立区地域文化課

中曽根神社境内

低地に築かれた城だが、堀によって複数の曲輪を区画し、防御力を高めていた。大手口は西側と推定されている。

写真提供：足立区地域文化課

発掘時の堀跡

曲輪を区画した堀は排水のためすべて連結しており、最終的には入間川（現、隅田川）につながっていたという。

千葉氏による新たな築城

平坦な住宅地の一角にある、中曽根神社。ここはかつて千葉次郎勝胤（かつたね）が築いたという、中曽根城の跡だ。同族に敗れて武蔵に逃れてきた千葉一族は、扇谷上杉氏より赤塚城や石浜城を与えられたが、新たに荒川を南に望むこの地にも築城した。そして城内に、千葉氏が信仰する妙見宮（みょうけんぐう）を祀ったのが、中曽根神社の始まりだという。現在、城跡の遺構を見ることはできないが、地下レーダー探査で堀と曲輪が確認されている。

DATA

- 足立区本木2丁目
- 寛正年間（1460～66）
- 武蔵千葉氏
- 日暮里・舎人ライナー扇大橋駅より徒歩約20分
- 史 区登録史跡

伝宮城氏館

MIYAGISHI-YAKATA

荒川の近くに佇(たたず)む宮城(みやぎ)氏館の伝承地

写真提供：足立区地域文化課

▲宮城氏居館之跡碑

宮城氷川神社▶

豊島重中が、武蔵一ノ宮氷川神社を勧請して祀ったのが始まりだという。大正時代に社殿は移転するが、戦災に遭い、現在の場所に再建されている。

南北朝時代に、豊島重中が荒川の岸に築いた館で、その後、豊島氏の一族宮城氏の館になったという。宮城氏は岩付城の太田資正(すけまさ)に仕えたのち、宮城泰業(やすなり)は北条氏の配下となり、小田原攻めの際、廃城になったようだ。現在、見るべき遺構はなく、荒川の流路変更で地形も変わっているらしい。なお近くの清光寺(せいこうじ)は、源頼朝を助けた豊島清光(きよみつ)の館跡とされている。

DATA

- 足立区宮城1丁目
- 南北朝時代か
- 宮城氏
- 日暮里・舎人ライナー扇大橋駅より徒歩約18分、都電荒川線小台駅より徒歩約20分

舎人屋敷

TONERI-YASHIKI

場所が特定できない舎人(とねり)氏の屋敷

写真提供：足立区地域文化課

舎人諏訪神社

舎人とは大和朝廷の役職名で、この地の古い歴史を感じさせる。毛長川で入水した娘の長髪を祀った社との伝承がある。

見沼代(みぬまだい)親水公園近くの住宅地にある古刹・西門寺(さいもんじ)。その付近の北浦に、かつて舎人氏の屋敷があったという。『新編武蔵風土記稿』には一町(ちょう)（約109メートル）四方で堀に囲まれており、舎人土佐守(とさのかみ)が住んでいたとある。

いまや北浦がどこを指すのか不明で、屋敷の遺構もないが、舎人は江戸時代に赤山(あかやま)街道の宿場となっており、交通の要地であったことは事実だ。

DATA

- 足立区舎人2丁目付近
- 不明
- 舎人氏
- 日暮里・舎人ライナー見沼代親水公園駅より徒歩約10分

石浜城

ISHIHAMA-JO

■場所が確定されていない千葉氏の城

石浜神社

奈良時代の創建で、奥州征討の折に源頼朝が社殿を寄進。千葉氏も信仰した。ガスタンク付近が旧社地とも。

©barman/PIXTA

待乳山聖天

待乳山は隅田川べりの小高い丘で、浅草寺の山号「金龍山」はここに由来。江戸時代、東都随一の眺望だった。

渡河点か、それとも高地か？

隅田川に架かる白鬚(しらひげ)橋付近は、昔の渡河点。その西には石浜神社とガスタンクがあり、付近に石浜城があったという。が、異説もある。石浜神社より南、浅草寺の北西で隅田川沿いの待乳山聖天(まっちやましょうてん)こと本龍院(ほんりゅういん)が、石浜城跡というが、定かではない。石浜城を築いたのは江戸氏の一族石浜氏で、一時、足利尊氏(たかうじ)も拠点にしたという。下総(しもうさ)を追われた千葉一族に、扇谷上杉氏は石浜城や赤塚城を与え、石浜城には千葉実胤(さねたね)が入ったとされる（自胤(よりたね)との説もある）。

DATA

- 荒川区南千住3丁目（石浜神社）
- 東京都台東区浅草7丁目（待乳山聖天）
- 不明
- 千葉氏
- 石浜神社へはJR及び東京メトロ南千住駅より徒歩約20分、待乳山聖天へは各線浅草駅より徒歩約10分

道灌山

DOUKAN-YAMA

■太田道灌の出城ともいわれる丘

道灌山（道灌船繋松（ふなつなぎのまつ））

かつて道灌山の麓は入江で、砦のあった頃には、運送の船はこの山の松を目印にしていたと伝わる。

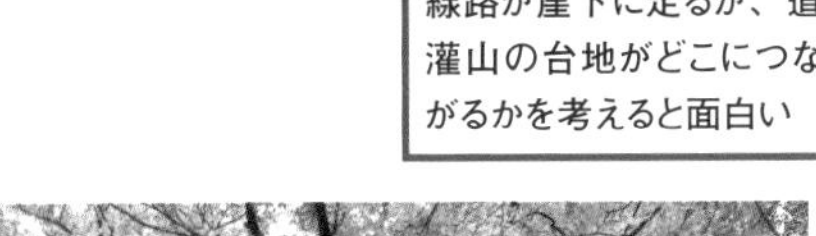

POINT
線路が崖下に走るが、道灌山の台地がどこにつながるかを考えると面白い

道灌山に隣接する諏方（すわ）神社

鎌倉時代に豊島経泰が信濃より勧請。そのため諏訪の台とも呼ばれる。付近は中世に新堀と呼ばれたが、江戸の人々が日の暮れるのも忘れて道灌山で楽しんだことから「日暮里」と名付けられたという。

古代より人々が生活していた江戸の名所

日暮里駅を出てすぐ、小高い丘が道灌山だ。道灌の名から太田道灌の出城跡ともいわれるが、鎌倉時代の豪族・関道閑（せきどうかん）の屋敷跡との説も。道灌山では縄文、弥生、平安時代の遺跡が発見されており、古代より人々が暮らした場所だとわかる。江戸時代には眺望や薬草採取、虫聴きの名所として親しまれたが、城の遺構はない。ただ道灌山から北西へ、細長い台地が続き、平塚城や飛鳥山に至ることを思えば、道灌山に砦があってもおかしくはない。

DATA

- 荒川区西日暮里3丁目
- 不明
- 不明
- JR山手線西日暮里駅より徒歩約5分
- 史 区登録史跡

葛西城

KASAI-JO

争奪戦が行われた 下総への進出拠点

御殿山公園

環七通りで分断された城跡の、西側にあたる。御殿山の名は、徳川将軍が鷹狩に用いた青戸御殿に由来する。

写真提供：城郭放浪記

葛西城復元図

葛西城址公園内に掲示された復元図。本丸以下、各郭を水堀や土塁で守った。

写真提供：城郭放浪記

青砥藤綱城碑

鎌倉幕府の北条時頼や時宗に仕えた武士で、公正、剛直な人柄で知られる。葛西城が館跡との伝承がある。

中川を天然の堀とした低地の城

数々の戦いの舞台になった葛西城は、享徳の乱では太田道灌の江戸城と連携し、古河公方勢への最前線となる。その後、北条氏と越後の長尾景虎勢が争奪し、北条氏が獲得。北条氏と里見氏の国府台合戦では再び最前線となり、小田原攻めの折には孤軍奮闘するも、徳川勢に攻め落とされている。

現在、城跡は環七通りに分断されて二つの公園となり、城跡は地中に。通りを含む両公園南部が本丸跡で、東は中川、西は湿地帯で守っていたようだ。

DATA

- 葛飾区青戸6～7丁目
- 不明
- 大石石見守、遠山綱景
- 京成線青砥駅より徒歩約15分
- 史 都指定史跡

伝葛西清重館

KASAI KIYOSHIGE-YAKATA

西光寺

西光寺門脇の案内板には、当寺が葛西三郎清重の館跡として知られていること、また近くの清重塚は清重夫妻を葬った墳墓であると記してある（塚はペンシルラボ裏）。

頼朝の信頼篤い御家人の館伝承地

豊島清光の三男で、渋江（現、四つ木付近）と葛西荘を相続し、葛西氏を名乗ったのが清重だ。源頼朝の下で武功を重ね、館に頼朝を迎えたこともあるほど信頼されており、のちに奥州総奉行に任じられている。

清重の館跡と伝わる西光寺に遺構はないが、寺の北に古道が東西にのびており、東は奥戸街道につながる。交通の要地であったことがうかがえる。

DATA

- 葛飾区四つ木1丁目
- 不明
- 葛西氏
- 京成押上線四つ木駅より徒歩約5分

長島高城

NAGASHIMATAKA-JO

写真提供：清光寺

清光寺境内

清光寺から長島香取神社にかけての一帯が、長島高城の中心だったとされている。寺と神社には、城があったことを伝える案内板や碑がある。

江戸川河口の水運を握る伝承地

葛西駅の東、旧江戸川と荒川に挟まれた地に、古い寺社が集中する場所がある。現在、遺構はないが、ここにかつて、長島高城があったという。同地にあった長島湊を支配する、長島殿の屋敷といわれるものだ。水運の要地として北条氏の支配下に置かれていた。清光寺の周囲には、大門、裏門、馬場、堂屋敷などの地名が伝えられており、城館があったことをうかがわせる。

DATA

- 江戸川区東葛西3丁目
- 不明
- 長島殿
- 東京メトロ東西線葛西駅より徒歩約15分

草加市
八潮市
三郷市
松戸市
13
足立区
11
12
9
隅田川
北千住駅
16
8
葛飾区
15
日暮里駅
14
17
江戸川
文京区
台東区
墨田区
上野駅
浅草駅
新中川
隅田川
秋葉原駅
荒川
千代田区
江戸川区
東京駅
中央区
江東区
18
旧江戸川
浦安市
新木場駅

東京城跡 MAP　23区北部・東部

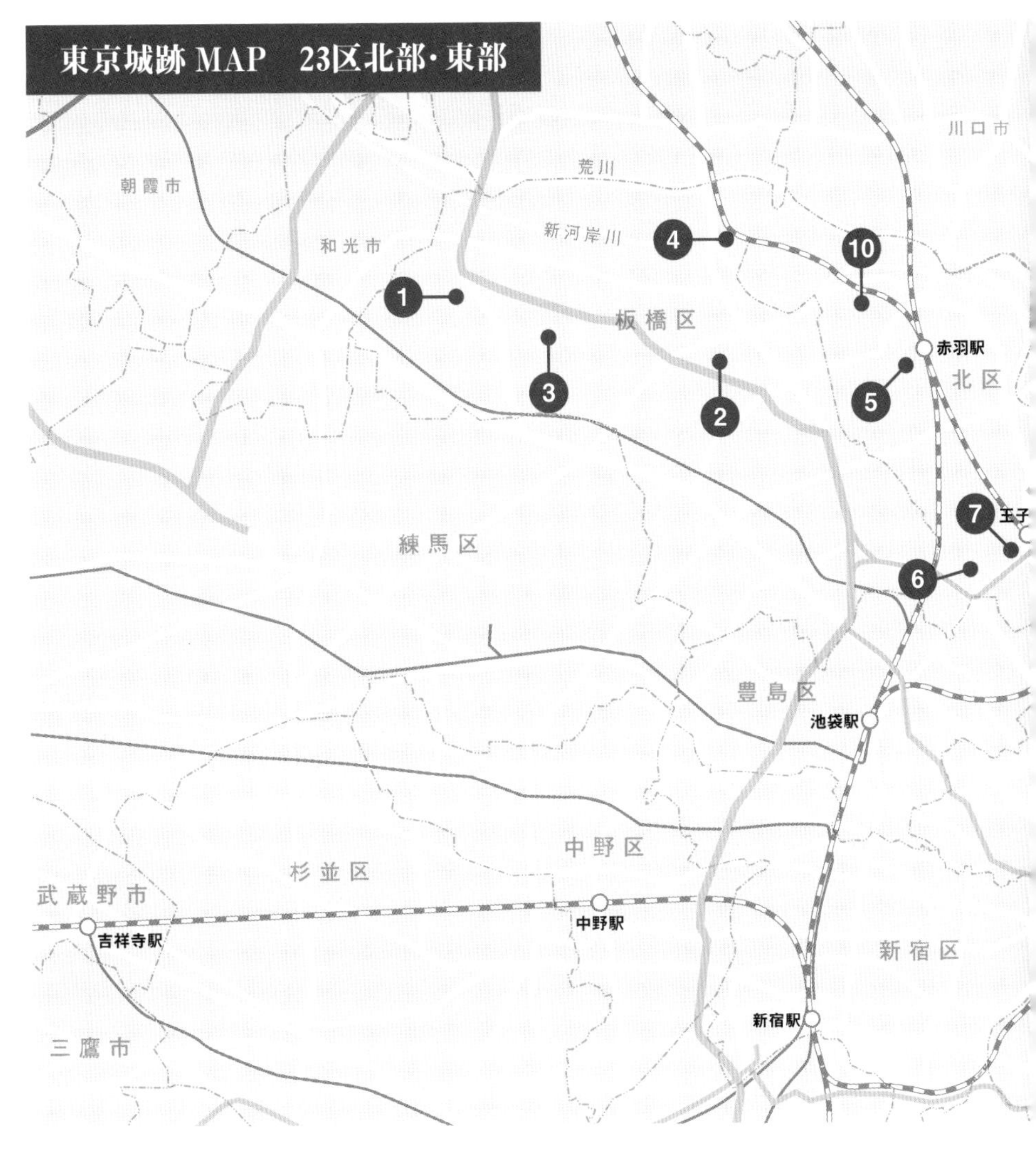

板橋区
①赤塚城 P.20
②志村城 P.22
③徳丸石川遺跡 P.24
④舟渡遺跡 P.25

北区
⑤稲付城 P.26
⑥滝野川城 P.28
⑦飛鳥山城 P.29
⑧平塚城 P.30
⑨梶原堀之内 P.31
⑩袋の殿山 P.31

足立区
⑪中曽根城 P.32
⑫伝宮城氏館 P.33
⑬舎人屋敷 P.33

荒川区
⑭石浜城 P.34
⑮道灌山 P.35

葛飾区
⑯葛西城 P.36
⑰伝葛西清重館 P.37

江戸川区
⑱長島高城 P.37

丸の内
（東京都千代田区）
内堀と外堀に囲まれた御曲輪内は、大名屋敷が並ぶ「大名小路」だった。

©深千/PIXTA

Column ②

城があったことを示す地名

丸の内とは、城の曲輪の内側

かつて城があったことを思わせる地名は少なくない。たとえば「城山」。正式な名称でなくても、地元で城山と呼ばれる場所はたいてい城跡か、その伝承がある。「殿山」と呼ばれる場合もあるようだ。

「御殿山」は将軍が鷹狩の際に休憩する御殿のあった場所、あるいは江戸時代に小大名が持った、城代わりの陣屋があった場所を指す例もある。

「丸の内」は城の曲輪（丸）の内側、つまり城内を意味する。かつて城内であった場所に多く、全国の城下町でよく目にする地名だ。「堀の内」や「土居」は中世の武士の館を指す言葉で、館の周囲に堀や土塁をめぐらせたことに由来する地名。「堀切」も城にまつわる言葉だが、運河などの堀を指す場合もあるので、注意が必要だ。

根小屋はどんな意味なのか

「見附」といえば江戸城の城門を守る見張り番所が有名だが、街道の要地や宿場の入り口にも設けられており、城由来の地名とは限らない。また城下町の中には、「桝形」が地名として残る場所もある。

「根小屋」「根古屋」は、中世の城のかたちをよく伝える地名だ。中世の城は台地の先端などに築かれることが多く、麓には家臣や従属する人々の集落が形成され、それを根小屋と呼んだ。呼び方は地方によって異なり、関東では根小屋が多いが、他に堀の内、堀籠、箕輪、寄居とも呼び、今も地名となっている。また四国では土居、山下、九州では麓、府本、拵などと呼び、地名として残る場所が少なくない。

©haku/PIXTA

京王線堀之内駅（東京都八王子市）
駅名は武蔵七党の一つ、西党の館に由来する。館の堀跡は現存しない。

第2章

23区城めぐり

西部・南部編

石神井城址

mr.アルプ/PIXTA

太田道灌に攻められ落城した豊島氏滅亡の地、石神井城。
南北朝時代より続く名家・吉良（きら）氏が拠点とした世田谷城――。
23区の西部と南部に残る、数多の武将たちの痕跡をたどっていくと、
いつしか都市の中に、中世の情景が甦ってくる。

星ヶ岡城

HOSHIGAOKA-JO

■ 日枝神社が鎮座する謎の城の伝承地

©Masa/PIXTA

日枝神社西参道の石段

日枝神社の南。かつての二の曲輪は西に湿地帯（のちの溜池）を望み、参道よりも東に主郭があったようだ。

山王切通坂と日比谷高校

二の曲輪（左）と三の曲輪（右の日比谷高校）を分ける堀の跡が、日枝神社北の山王切通坂（さんのうきりとおしざか）であるともいう。

©Impressive Pictures_0129/PIXTA

ホテルが主郭跡、神社は二の曲輪跡か

かつて山王祭の際に、神輿（しんよ）が江戸城内に練り込むことを許されていた日枝神社——今も日本の政治の中心地・永田町に隣接するこの神社の鎮座する一帯が、城跡だったという伝承がある。星ヶ岡城だ。ここは赤坂台地の東北端にあたり、西から南にかけては湿地帯であった。一説に現在のザ・キャピトルホテル東急付近が主郭、日枝神社が二の曲輪、日比谷高校が三の曲輪だったという。日枝神社境内には土塁も残るが、詳細は不明だ。

DATA

- 千代田区永田町2丁目
- 不明
- 不明
- 東京メトロ赤坂駅より徒歩約3分

白金城

SHIROKANE-JO

■ 豊かな自然が残る長者屋敷伝承地

写真提供：国立科学博物館附属自然教育園

POINT
遺構の有無はともかく、室町時代から続く緑豊かな風景を体感できる

園内の土塁

園内の案内板には、土塁は白金長者が築いたもので、館と敷地を囲い、土塁上にシイの木が植えられていたと記されている。

写真提供：国立科学博物館附属自然教育園

物語の松

江戸時代に、ここが高松藩松平家下屋敷の庭園だった名残とされる松の老木。樹齢は300年ともいわれている。

園内で目にする土塁はいつのものか

豊かな自然が残る国立科学博物館附属自然教育園。ここは白金長者屋敷とも呼ばれる、白金城の伝承地だ。室町時代に雑色（下級役人）の柳下上総介が土塁をめぐらせた館を構え、白金長者と呼ばれたことに由来する。江戸時代は高松藩下屋敷の池泉回遊式庭園（※）、明治時代は軍の火薬庫だったため、旧態をよく留めている。ただし、園内の土塁は火薬庫時代のものだともいい、詳しいことはわかっていない。

DATA

- 港区白金台5丁目
- 室町時代
- 柳下上総介か
- 東京メトロ南北線、都営地下鉄三田線白金台駅より徒歩約7分
- 史 国指定史跡

※池泉回遊式庭園…池の周りを歩きながら、景勝地を模した眺めなどが鑑賞できる庭園。

今井城

IMAI-JO

■義仲家臣・今井兼平の城跡伝承地

© Caito/PIXTA

赤坂氷川神社

徳川8代将軍吉宗が社殿を建立。それ以前は、浅野内匠頭正室・遙泉院の実家である浅野土佐守邸だった。

©まりも/PIXTA

赤坂サカス付近

TBS 放送センターを含む一帯は、江戸時代には広島藩浅野家の中屋敷(※)であった。ここも今井城跡の伝承地。

※中屋敷…江戸時代に大名などが上屋敷の予備として設けた屋敷。

台地の縁にある氷川神社と赤坂サカス

木曾義仲の家臣で四天王の一人、今井兼平の城跡の伝承が都内にある。赤坂氷川神社、及び赤坂サカスの一帯だ。どちらも台地の縁にあり、間に低地を挟んで600メートルほど離れている。双方、城の遺構はない。

そもそも兼平は信州木曾の出身で、その生涯をたどっても武蔵国には関わりがない。江戸時代にこの付近にあった今井村の館跡などの伝承が、今井兼平に結びついて語られたものではないだろうか。

DATA

- 港区赤坂5丁目、6丁目
- 不明
- 不明
- 赤坂氷川神社へは東京メトロ千代田線赤坂駅より徒歩約8分

西久保城

NISHIKUBO-JO

©yama1221/PIXTA

▲城山トラストタワー

葺城稲荷神社▶

葺城稲荷はもともと城山稲荷と称していたが、葺手町と城山町にちなんで改名した。また城山トラストタワーをはじめ、今も城山の地名は数多く残る。

築城者は熊谷直実ではなかった

平敦盛を討ったことで有名な熊谷直実の城跡の伝承地が、虎ノ門の葺城稲荷神社付近の台地にある。西久保城だ。

熊谷直実の城跡伝承は、実はすでに江戸時代に否定されている。一方で、「城山」という地名が伝えられており、台地の北には江戸見坂と呼ばれる急坂も残る。

遺構はないが、何らかの城がここに存在した可能性は高いだろう。

DATA

- 港区虎ノ門4丁目
- 不明
- 不明
- 東京メトロ日比谷線神谷町駅より徒歩約3分

番神山城

BANJINYAMA-JO

▲仙石山石碑

西久保八幡神社▶

西久保八幡神社は、太田道灌が江戸城築城の際、霞が関から遷したという。また仙石山には、出石藩仙石家の屋敷があった。

道灌が江戸の西をにらんで築いた城

神谷町駅から、西久保城跡とは反対側の南へ。西に通じる街道（現、桜田通り）脇の急な石段の上に、西久保八幡神社が鎮座する。この神社と、その北の仙石山付近が、太田道灌が築いた出城、番神山城跡だという。

神社も仙石山も急な坂の上にあるが、神社付近は再開発中だ。城跡は日比谷入江埋め立てのため崩されたが、地形が面影を伝えている。

DATA

- 港区虎ノ門5丁目
- 室町時代
- 太田道灌
- 東京メトロ日比谷線神谷町駅より徒歩約5分

牛込城

USHIGOME-JO

■ 江戸湊を望む 牛込氏の高台の城

※団体での参拝には光照寺の許可が必要です。

光照寺入口

江戸湊を行き交う船が見えたという高台に立地。出羽松山藩酒井家の菩提寺で、歴代藩主の墓が並ぶ。

©kawa/PIXTA

神楽坂の兵庫横丁

風情あふれる路地として、知る人ぞ知る兵庫横丁。鎌倉時代からある古道で、一説によれば、牛込氏の武器庫（兵庫）が置かれたことに由来するという。

江戸の面影を残す 神楽坂にも城が

神楽坂を上り、毘沙門天の先を左折。さらに地蔵坂を上ると、光照寺に至る。牛込城跡だ。海抜約26メートルの台地の東端に城を築いたのは、大胡重行と伝わる。扇谷上杉氏から北条氏に主家を変えた重行は、上野国（現、群馬県）大胡から武蔵国牛込郷に移住し、息子の勝行が牛込姓に改めたという。城の遺構はないが、光照寺と北側のかつて日本出版クラブがあった付近が城跡といわれ、毘沙門通りは大手門通りともいう。

DATA

- 新宿区袋町
- 天文6年（1537）頃
- 大胡重行、牛込勝行
- 東京メトロ東西線神楽坂駅より徒歩約10分

御殿山城

GOTENYAMA-JO

■ 筑土八幡の隣は道灌別館の伝承地

御殿坂

御殿山城付近と、東側の筑土八幡神社の間の切通し道。現在、御殿山城をしのばせるものは坂の標識のみだ。

©Gengorou/PIXTA

若宮八幡神社

御殿坂の南方約600mほどのところに鎮座。源頼朝の建立と伝わる神社で、太田道灌が江戸城鎮護の社として城と相対する形に再建したという。

東京都新宿区若宮町

御殿坂から西の住宅地が城跡か

神楽坂上から神楽坂通りを西に向かうと、大胡氏や太田道灌とゆかりのある赤城神社に至る。一方、神楽坂上で右折、大久保通りを道なりに進むと白銀町、筑土八幡町だ。付近には太田道灌が築いた御殿山城の伝承を残す、太田道灌別館跡がある。筑土八幡西の御殿坂を境に、西側の住宅地が御殿山城跡とされる。遺構はないが、一帯は台地上だ。なお御殿山の名は、3代将軍徳川家光が鷹狩で用いた仮御殿に由来するともいう。

DATA

- 新宿区筑土八幡町、白銀町
- 長禄年間（1457～60）か
- 太田道灌か
- 御殿坂まで都営地下鉄大江戸線牛込神楽坂駅より徒歩約7分

筑土城

TSUKUDO-JO

■ 扇谷上杉氏の城跡伝承地

筑土八幡神社参道石段
城跡とされる境内へは、筑土八幡交差点付近から長い石段を上る。神社が、台地の先端に建つことがわかる。

筑土八幡神社境内と拝殿
社伝には、扇谷上杉氏が社壇を修飾したとある。筑土城と切通しを挟んで隣接する扇谷上杉家臣の道灌の御殿山城とは、一体だったのかもしれない。

道灌別館に隣接する城だったのか

御殿山城跡伝承地から御殿坂を挟んだ東側、筑土八幡神社一帯にも城跡の伝承がある。筑土城だ。上杉時氏の築城というが、時氏が実在したかどうかは不明だ。しかし扇谷上杉氏が社殿を修復しているので、上杉氏との関わりはあったのだろう。遺構はないが、台地先端で、南の軽子坂付近に古道が走る好立地だ。至近距離に北条方の牛込城があるので、牛込城築城の頃には、すでに城として機能していなかったのかもしれない。

※筑土八幡神社は、鎮座地が城跡だったとの説を採っていません。
※城跡説に関する同社への問い合わせはお控えください。

DATA

- 新宿区筑土八幡町
- 不明
- 扇谷上杉氏か
- 都営地下鉄大江戸線牛込神楽坂駅より徒歩約8分

城山

SHIROYAMA

写真提供：城郭放浪記

谷戸運動公園

発掘調査により、土塁が方形に東西約120m、南北約130mでめぐること、その周囲に幅約7mの空堀があり、障子堀だったことなどが確認された。

遺構が確認された中野の城館跡

中野駅の東南、谷戸運動公園は、地元で「城山」と呼ばれる城館跡だ。戦国時代に城主だった堀江氏は、北条氏の小代官を務めたという。

城館は台地縁の微高地に築かれ、南に桃園川、西に鎌倉街道が走っていた。現在、公園には案内板以外、城跡を示す遺構はない。なお、より古く、小規模な居館跡も見つかっている。こちらは江戸氏庶流中野氏の館と思われる。

DATA

- 中野区中野1丁目
- 不明
- 堀江氏
- JR中央線、東京メトロ東西線中野駅より徒歩約10分

中野長者屋敷

NAKANO CHOJA-YASHIKI

©DAR Pictures/PIXTA

▲鈴木九郎墓（成願寺内）

©i-flower/PIXTA

成願寺▶

昭和47年(1972)、開祖川庵和尚の木像内部から骨がこぼれ出し、歴史人骨研究の鈴木尚教授が屈強の中年男子、病弱の十代女性と判定。長者と娘の骨と考えられている。

伝説に彩られた鈴木九郎の居館跡

中野坂上交差点の南にある成願寺は、中野長者こと鈴木九郎屋敷跡と伝わる。室町時代初めに紀州熊野から来た九郎は、農業畜産に努力し大成功するが、愛娘を病で失い出家。屋敷を寺に改めた。

明治維新以来、度重なる都市計画で屋敷遺構は失われたが、北は桃園川、南は神田川に挟まれた台地の南端に位置する。西の十貫坂は、長者の財宝の一部が見つかった場所とも。

DATA

- 中野区本町2丁目
- 不明
- 鈴木氏
- 東京メトロ、都営地下鉄大江戸線中野坂上駅より徒歩約3分

渋谷城

SHIBUYA-JO

■ 金王八幡宮が物語る渋谷氏の城

金王八幡宮境内入口

境内へと続く石段。渋谷駅付近は谷底だが、八幡宮は宮益坂、金王坂の南、台地先端の高台に鎮座している。

若者の街・渋谷を見下ろし続ける

渋谷駅東口から六本木通りを東へ。少し上り南に折れると、繁華街の喧騒が嘘のような場所に至る。金王八幡宮だ。ここは渋谷城の跡だという。

平安の頃、河崎基家が源義家より渋谷を含む領地を賜り、当地に館を構えて八幡社を勧請した。基家の息子・重家は渋谷氏を称し、重家が金剛夜叉明王の霊夢を見て生まれたのが金王丸である。明王の上下2文字を頂いた名だ。武勇に優れた金王丸は渋谷常光と名乗り、源義朝に従って活躍、義朝の死を夫人の常盤御前に知らせたという。義朝の息子・頼朝にも深く信頼され、名声から八幡社は、やがて金王八幡宮と呼ばれた。

渋谷城は、台地の先端に位置していた。北東には黒鍬谷、東に鎌倉街道（現、八幡通り）が走り、西は渋谷川が流れる。その水を引き込んで周囲に水堀をめぐらせたともいい、湧水にも恵まれていた。一説に、現在の渋谷警察署付近も堀跡とされる。遺構はないが、大都会に伝承される城跡だ。

大鳥居

鳥居と石段の間にある道はかつて小川で、堀として機能していたと伝わる。渋谷川の流れを引き込んでいたとも。

©Taku8/PIXTA

©むらーぴー/PIXTA

境内と社殿

境内一帯が渋谷城の主郭（一の曲輪）跡とされる。社殿は3代将軍徳川家光の乳母・春日局と青山忠俊の造営。

境内の砦の石

渋谷城唯一の遺構か。渋谷氏が扇谷上杉氏の下で北条氏と戦った際、敵別働隊により城は焼失したという。

©kawa/PIXTA

©ユフォト/PIXTA

DATA

- 渋谷区渋谷3丁目
- 平安時代末か
- 渋谷氏
- JR渋谷駅より徒歩約5分

金王丸御影堂

金王丸は保元の乱出陣の際、母のために自らの像を彫った。堂には像と佩用した「毒蛇長太刀」を納めている。

写真提供：金王八幡宮

SHAKUJII-JO

石神井城

■石神井川の源に築かれた豊島（としま）氏の本拠

石神井城跡碑

南武蔵の雄・豊島氏は、石神井川に注ぐ三宝寺池畔の城を本拠とした。

POINT

土塁や空堀が良好に残るほか、ふるさと文化館で出土品を見学できる

石神井城史跡碑と三宝寺池

三宝寺池の名は、近くの三宝寺に由来する。古来、湧水池で石神井川に豊富な水を供給した。石神井城の北を守る、天然の水堀であったろう。

三宝寺池（さんぼうじいけ）と石神井城の落城伝説

落城の際、城主は黄金の鞍（くら）を載（の）せた白馬とともに三宝寺池に入水した。以来、満月の夜には、池底の黄金の鞍が輝き、水面が白く光を放つ……。石神井城には、そんな物語がある。

石神井公園駅から公園まで、徒歩で10分程度。しかし西端の三宝寺池まで行くには、さらに10分ほど園内を歩くことになる。この池の南に、豊島氏の本拠・石神井城があった。

豊島郡（ぐんが）衙付近の平塚城（ひらつかじょう）から、石神井川を遡行（そこう）しつつ勢力を広げた豊島氏が、石神井城に本拠を移したのは室町時代の初め頃とされる。その後、関東管領上杉（かんれいうえすぎ）氏らと敵対した豊島泰経（やすつね）は、文明（ぶんめい）９年

土塁と空堀

城の東西は約350mとされ、三宝寺池の西端付近から南北に、城の西端となる堀が切られている。堀の上幅は約9m、深さ約3.6m、長さ約270m。

主郭部（柵の奥）

石神井城は、主郭と外郭の二重構造になっていたとされる。主郭は最も奥まった部分に配置され、深さ約6mの堀で囲まれた堅固な守りであった。

氷川神社

主郭部の西、氷川神社の境内も一つの曲輪だったかもしれない。氷川神社、熊野神社は、豊島氏の勢力圏に多い。

姫塚

豊島泰経の娘・照姫を祀った祠。照姫は落城の際、父のあとを追って三宝寺池に身を投げた。が、史実の泰経は死んでおらず、伝承なのだろう。

（１４７７）の江古田原沼袋の戦いで扇谷上杉氏の家臣・太田道灌に敗れ、直後に石神井城も攻略されて、遁走した。

城は北を三宝寺池、南から東を石神井川に挟まれた舌状台地の中ほどに築かれていた。主郭部を含め、当時の面影を伝える遺構があり、中世の城の雰囲気を味わうことができる。

- 練馬区石神井台1丁目
- 室町時代か
- 豊島氏
- 西武池袋線石神井公園駅より徒歩約20分
- 史 都指定旧跡

写真提供：sirotabi.com

愛宕山砦

ATAGOYAMA-TORIDE

土塁

砦跡とされる丘には現在、早稲田大学高等学院が建つ。すぐ下に石神井川が流れ、石神井城の南端へは指呼の距離だったろう。城攻めの付城として、好立地だ。

太田道灌が築いた城攻めの付城

三宝寺池から400メートルほど南、石神井城の天然の堀であったろう石神井川に接する丘に、愛宕山砦跡がある。石神井城を攻める際、太田道灌が築いた付城といわれるものだ。砦跡は学校の敷地で、遺構はないが、発掘調査で堀状の遺構が確認されている。石神井川はかつて、この砦跡を回り込んで流れていたという。もとは石神井城の出城だったのかもしれない。

DATA

- 練馬区上石神井3丁目
- 文明9年（1477）
- 太田道灌
- 西武新宿線上石神井駅より徒歩約7分

©写真提供：日本の城巡り MARO参上 藤江信之

右馬頭屋敷

UMANOKAMI-YASHIKI

開進第二中学校

跡地は住宅地の中にある公立中学校で、面影はない。しかし練馬1丁目から2丁目はかつて栗山大門と呼ばれていた。城館跡を連想させる地名だ。

練馬城の出城ともいう謎の伝承地

練馬城跡から東に約500メートルの場所に、右馬頭屋敷跡と呼ばれる城館伝承地がある。一説に練馬城の出城とも、栗山城であったともいう。

右馬頭という人物が誰なのか、またいつ頃のものなのか、詳細は不明だ。それでもこの地は、北の石神井川を天然の堀とし、西側の練馬城との間は谷で、その付近を南北に鎌倉街道が走っていた。城を築く好適地といえる。

DATA

- 練馬区練馬2丁目
- 不明
- 不明
- 西武豊島線・都営大江戸線豊島園駅から徒歩約6分

練馬城

NERIMA-JO

遊園地になっていた石神井城の支城

©kouta/PIXTA

としまえん遠望

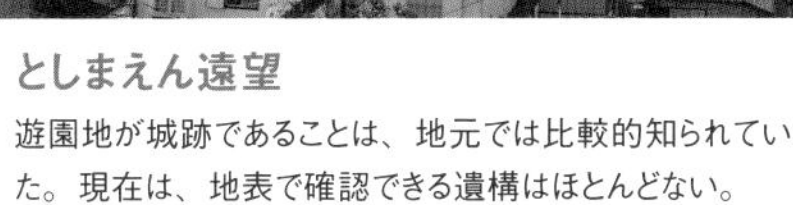

遊園地が城跡であることは、地元では比較的知られていた。現在は、地表で確認できる遺構はほとんどない。

写真提供：sirotabi.com

正門西のハイドロポリス付近

このあたりが主郭だったという。工事に伴う発掘調査で、最大で幅約10m、深さ約4mの堀や、土塁などが検出された。

豊島氏の名を冠した「としまえん」

２０２０年に閉園した遊園地としまえんは、練馬城跡だ。矢野山城ともいい、本拠・石神井城の支城として、豊島氏が築いたとされている。文明９年（１４７７）、太田道灌は練馬城に矢を射かけて豊島勢を誘い出し、江古田原沼袋で城主豊島泰明を討ち取った。さらに石神井城を攻略、同時に練馬城も落ちたと見られる。城は石神井川南岸の台地上に築かれ、北は川沿いの急な崖、東西は谷、南は空堀で守りを固めていた。

DATA

- 練馬区向山3丁目
- 不明
- 豊島氏
- 西武豊島線・都営大江戸線豊島園駅から徒歩約2分
- 史 都指定旧跡

世田谷城

SETAGAYA-JO

■ 御所と呼ばれた足利将軍一門の城

世田谷城址公園
公園は世田谷城の南端にあたり、城域のごく一部にすぎないという。

城址公園全景
公園は城の南隅で、烏山川のＵ字の屈曲に沿った地形なのがよくわかる。川は今、地下を流れており目視できない。

POINT
土塁や空堀がよく残る。豪徳寺全域まで城内とする説もある

烏山川に守られ、二つの街道をにらむ

小さな車両の世田谷線を宮の坂駅で降り、東へ。すぐに招き猫で有名な豪徳寺に至る。その南、住宅街に樹木の茂る一角が、世田谷城址公園だ。

城は室町時代に、足利将軍一門の名家・吉良氏が築いて本拠にし、世田谷御所と呼ばれたという。享徳の乱の頃、吉良成高は太田道灌に味方し、転戦中の道灌に江戸城の留守を託されたこともあった。その後、吉良氏は北条氏に従い、小田原攻め後に世田谷城は廃城になったとされる。

城は目黒川の支流・烏山川がＵ字に蛇行する北側の、舌状台地上に築かれている。西、南、東の三方を烏山川が洗い、北は甲州古道

周辺の遺構

©舞流sky/PIXTA

世田谷八幡宮

吉良頼康が創建。世田谷城の一部、また西の出城だったという説もある。

©naonao/PIXTA

三宿神社

三宿城（多聞寺城）の跡で、世田谷城の東を守る砦であったといわれる。

©萩谷篤思 A.Hagitani/PIXTA

豪徳寺

城域は公園から豪徳寺山門南までとする説もあるが、最近は豪徳寺全域を含むという見方が多いようだ。

DATA

- 世田谷区豪徳寺2丁目
- 室町時代
- 吉良氏
- 東急世田谷線宮の坂駅より徒歩約5分
- 史 都指定旧跡

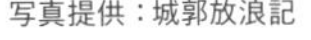
写真提供：城郭放浪記

土塁

公園内は複雑に展開する曲輪と、土塁が見所の一つ。土塁状の帯曲輪や、櫓台跡を思わせるような土塁もある。写真は北側の団地付近。

写真提供：城郭放浪記

空堀

公園内では空堀の底を歩くことができる。豪徳寺山門前の参道も堀跡とされ、東側には高い土塁が続く。

（瀧坂道）が東西に、また東には鎌倉街道が南北に走って、城の北東で交差するという、まさに交通の要衝を押さえていた。

なお世田谷城の東には三宿城、北沢川を挟んだ北方には赤堤砦、蛇崩川を挟んだ南方には弦巻砦と、周囲に城砦を配置し、吉良氏は世田谷城の守りを固めていたという。

奥沢城

OKUSAWA-JO

世田谷城を支えた大平氏の城

©ucchie79/PIXTA

九品仏浄真寺山門

浄真寺は、奥沢城跡を賜った珂碩上人が延宝6年(1678)に創建。「おめんかぶり」と呼ばれる行事「阿弥陀如来二十五菩薩来迎会」でよく知られる。

POINT
境内を囲むように廻る土塁が見所。伝説にちなむ、さぎ草絵馬も珍しい

©Kazu23/PIXTA

奥沢城跡の石碑

城は北方に突き出た台地上で、周囲は沼や深田。南には品川道が東西に走り、道を越えると多摩川の良港・籠谷戸で、物資の輸送に適していた。

吉良頼康と常盤の「さぎ草伝説」

世田谷城跡から約5キロ南に奥沢城跡がある。吉良氏の家臣・大平氏の城で、世田谷城の支城だ。この城には、「さぎ草伝説」が伝わっている。大平出羽守の娘・常盤は主君の吉良頼康の側室となるが、他の側室が妬んで頼康に讒言。常盤は白鷺の足に身の潔白を記した文を結び、奥沢城へ放つ。が、白鷺は狩猟中の頼康に射られる。文を読んだ頼康は常盤の無実を知るが、常盤はすでに自害。以来、毎年白鷺に似た花が咲くという。

DATA

- 世田谷区奥沢7丁目
- 不明
- 大平出羽守
- 東急大井町線九品仏駅より徒歩約3分
- 史 区指定史跡

赤堤砦

AKAZUTSUMI-TORIDE

©たかし/PIXTA

六所神社
天正12年(1584)に、服部貞殿が府中の六所宮を勧請。御祭神は大国魂命。小高い丘で、西から南に目黒川の支流・北沢川が流れていた。築城に適した地といえる。

世田谷城の北を守った砦の伝承地

世田谷城跡の北方、約1キロ。六所神社が鎮座する小高い丘が、赤堤砦跡だという。世田谷城の北を守る砦だ。異説もあり、神社よりも南の善性寺が赤堤砦跡だともいう。どちらにも、遺構は確認されていない。

なお、江戸時代には服部氏が赤堤砦の跡地に陣屋を構えたといわれるが、陣屋の遺構も見つかっておらず、赤堤砦については不明な点が多い。

DATA

- 世田谷区赤堤2丁目
- 不明
- 吉良氏
- 東急世田谷線松原駅より徒歩約3分

烏山城

KARASUYAMA-JO

©K,Kara/PIXTA

烏山神社
神社が鎮座する前は、吉良氏ゆかりの泉沢寺があったという。当時、吉良氏が構えていた砦を、北条氏配下の高橋氏が利用したのかもしれない。

西の深大寺城をにらんだ城

扇谷上杉氏の深大寺城（調布市）に対抗して、約5キロ東に北条氏配下の高橋氏が築いたのが烏山城であり、その西北の牟礼砦だったという。

烏山城跡は、烏山神社付近とされるが、遺構はない。その東を烏山川が流れ、一帯は湿地の中の微高地だったようだ。南には瀧坂道が東西に走り、西の瀧坂で甲州道と合流。深大寺城をにらんだ配置だ。

DATA

- 世田谷区南烏山2丁目
- 天文6年（1537）か
- 高橋氏
- 京王線芦花公園駅より徒歩約5分

等々力城
TODOROKI-JO

野毛大塚古墳
全長82メートル、直径66メートル、高さ11メートルの円墳に、前方部が付いた帆立貝式古墳。なお野毛とは、崖を意味するという。

奥沢城支城の伝承地とされる古墳

奥沢城跡から西に2キロ弱。等々力渓谷の西に、環状八号線に沿って区立玉川野毛町公園がある。公園内の野毛大塚古墳は、奥沢城の支城、等々力城跡だという。国分寺崖線の台地上で、等々力渓谷の北に東西に古道が走り、交通を押さえていた。

一方で奥沢城跡の南東約2キロ、奥沢3丁目の奥沢小学校付近を等々力城跡とする異説もある。双方遺構はない。

DATA
- 世田谷区野毛1丁目
- 不明
- 大平氏か
- 野毛大塚古墳へは東急大井町線等々力駅より徒歩約10分
- 史 都指定史跡

深沢城
FUKAZAWA-JO

都立園芸高校前の碑▶

▼玉川警察署
城跡は都立園芸高校付近、またはその南の玉川警察署付近とされる。園芸高校の校門前には、兎々呂城の碑が建つ。

北条氏家臣南条重長が築いた城

世田谷城跡から南に約3キロ、都立園芸高校、玉川警察署付近が深沢城跡とされる。兎々呂城ともいう。

一説に北条氏家臣・南条右京亮重長が父の所領を継ぎ、深沢塁兎々呂城を築いたというのだが、深沢城と兎々呂城は別の城とする説もある。北条氏滅亡後、廃城に。現在、跡地とされる場所に遺構はなく、深沢城の詳細は謎のままだ。

DATA
- 世田谷区深沢5丁目（都立園芸高校）
- 世田谷区中町2丁目（玉川警察署）
- 永禄年間頃か
- 南条重長
- 都立園芸高校へは東急大井町線等々力駅より徒歩約18分

瀬田城

SETA-JO

■ 長崎重光が築いた多摩川沿いの城

行善寺

©Sunrising/PIXTA

台地縁辺の高台にあり、「行善寺八景」と称されたほど展望抜群だった。境内では中世遺構が発見されている。

写真提供：瀬田玉川神社

瀬田玉川神社

行善寺の北西で、直線距離で約500m離れている。河岸段丘上で鎌倉街道が走るこの地は、長崎氏屋敷跡という説もある。

「行善寺八景」と称された高台

二子玉川駅から高島屋デパートの先を東へ。丸子川に架かる橋を渡ると、急な行善寺坂だ。この道は大山道（※）にあたるという。坂の上にある行善寺一帯が、瀬田城跡とされる。北条氏家臣の長崎伊予守重光が築城し、小田原から菩提所を城内に移したのが行善寺の始まりだ。行善は重光の法号。行善寺坂は城跡の西側で、東から北にかけては谷になっている。北条氏滅亡後、廃城となるが、長崎氏は代々この地に住み続けた。

DATA

- 世田谷区瀬田1丁目
- 天文年間（1532～55）か
- 長崎重光
- 東急田園都市線二子玉川駅より徒歩約10分

※相模国の大山阿夫利神社への参詣道の総称。

喜多見城

KITAMI-JO

■江戸を太田道灌に譲った江戸氏の城

©i-flower/PIXTA

慶元寺山門

もとは江戸氏(喜多見氏)により江戸城近くに建てられ、江戸氏の移住に伴い当地に移転した。歴代の徳川将軍家より、朱印状を賜っている。

©i-flower/PIXTA

氷川神社

慶元寺の北隣に鎮座。天平12年(740)の創建と伝わる古社で、中世には江戸氏が再興した。その子孫の喜多見氏が神領の寄進や鳥居の建立を行うなど、江戸・喜多見氏とゆかりが深い。

中世は城、近世は陣屋となった戦国遺構

世田谷区の西端、喜多見の慶元寺は趣のある古刹だ。その慶元寺東側の台地、北は須賀神社、南は喜多見公園の東までが喜多見城跡だという。室町時代末に江戸を太田道灌に譲った江戸氏が一族のもとへ移住し、本拠にした。徳川家康に従った江戸氏は、喜多見に改姓。大名に昇って城は陣屋(※)となるが、刃傷事件により廃絶した。城跡は壊され、道路が中央を分断。遺構は目にできないが、調査で主郭と二つの曲輪が確認されている。

DATA

- 世田谷区喜多見4丁目
- 鎌倉時代か
- 喜多見氏
- 小田急線喜多見駅より徒歩約20分

※陣屋…江戸時代には、城を持たない大名が藩庁を置いた屋敷を「陣屋」と称した。上級旗本や大藩の家老が知行地に置いた役所、幕府直轄地の代官所なども陣屋と呼ぶ場合がある。

伝目黒氏館

MEGUROSHI-YAKATA

目黒学院中学校・高等学校

中目黒駅からほど近い、目黒学院一帯が館跡という伝承がある。異説もあり、隣駅の祐天寺に近い都立目黒高校付近とするものだが、双方遺構はない。

目黒川が削った台地上の伝承地

住みたい街として人気の中目黒にも、城跡の伝承がある。中目黒駅から東へ目黒川を越えた先の目黒学院の一帯が、目黒氏館跡というものだ。

目黒氏は武蔵七党の横山党庶流とされ、鎌倉幕府の御家人となるが、その後、江戸氏に迫われて奥州へ移ったともいう。なお目黒学院の場所は、かつて川幅の広い大河だった頃の目黒川が削った、台地の先端だ。

DATA

- 目黒区中目黒1丁目
- 不明
- 目黒氏
- 東急東横線、東京メトロ日比谷線中目黒駅より徒歩約5分

伝今川氏館

IMAGAWASHI-YAKATA

©tarousite/PIXTA

JR東日本東京総合車両センター

JR東日本の車両基地、車両工場で、もとは国鉄大井工場があった。明治時代末の建設の際、品川の高台8万9000坪を切り崩し、整地したという。

工場建設で消えた今川氏真の館跡

戦国大名としての今川家が滅んだ後、当主の今川氏真は元家臣の徳川家康に庇護され、慶長17年（1612）に品川に屋敷を賜ったという。それが今川氏館と呼ばれるものだ。

場所は品川区広町で、現在はJR東日本の車両センターとなっている。跡地は広大な敷地のどこか、としかわからない。工場建設の際の大規模な整地によって、遺構も消滅している。

DATA

- 品川区広町2丁目
- 慶長17年（1612）か
- 今川氏真
- JR京浜東北線大井町駅より徒歩約5分

伝梶原氏館

KAJIWARASHI-YAKATA

■ 梶原景時の伝説がある館跡

写真提供：しながわ観光協会

来福寺

高台に建ち、かつては品川の海を望むことができた。本尊の経読地蔵は、源頼朝が戦没者のために写経を埋めた経塚より掘り出されたと伝わる。

写真提供：日本の城巡り MARO参上 藤江信之

梶原稲荷神社

源頼朝の命で梶原景時が創建した、万福寺の守護神と伝わる。のちに来福寺に奉納された。同寺の北にあり、かつては同じ敷地内だったという。

立会川が西から南に洗う台地

大井町駅東口から南東へ。住宅街の中に小さな梶原稲荷神社がある。この神社から南の来福寺にかけてが、かつて梶原氏の館であったと伝わる。鎌倉幕府の御家人・梶原景時にまつわる伝承が多く、館も景時のものともいう。が、江戸時代にそれはすでに否定されており、実際は北条氏家臣の梶原氏の館であったようだ。一帯は西から南に立会川が洗う台地上で、西には見晴らし通りがあり、かつて海や富士山を望む高台だった。

DATA

- 品川区東大井3丁目
- 不明
- 梶原氏
- JR京浜東北線大井町駅より徒歩約10分

御殿山城

GOTENYAMA-JO

品川御殿となった太田道灌の居城

北品川駅の西、ＪＲの線路を越えたあたりの高台が御殿山城跡だ。江戸城を築く前の太田道灌が居城とし、その後、宇田川長清が入ったという。江戸時代には徳川将軍の鷹狩の休息所となり、品川御殿と呼ばれた。

御殿山は高輪台地の最南端で、かつては品川湊を眼下に望んだという。現在は地形も変わり、遺構もないが、東側の品川神社付近に面影を残す。

©i-flower/PIXTA

▲品川神社

©ABC/PIXTA

JR 路線と御殿山▶

御殿山と線路とを比べると、高台なのが一目瞭然。御殿山は幕末の台場建設で土を取られ、さらに鉄道に分断されて、今は最先端の複合商業施設が建つ。

DATA

- 品川区北品川4丁目、港区高輪4丁目付近
- 不明
- 太田道灌
- 京浜急行北品川駅より徒歩約5分

伝品川氏館

SHINAGAWASHI-YAKATA

品川湊を掌握した品川氏館伝承地

大崎駅から南へ台地を上っていくと、和銅2年（709）創建の古社が鎮座する。貴船神社だ。この地は、品川氏館跡の伝承地の一つでもある。

品川氏は大井氏の庶流で、源頼朝から重用された。特に武蔵国府の津（国府の外港）・品川湊を管理したという。その後、鎌倉公方・足利持氏に所領の大半を奪われ、没落したと伝わる。なお、今川氏真子孫の品川氏との関係はない。

©makoto.h/PIXTA

戸越公園

写真提供：日本の城巡り MARO参上 藤江信之

貴船神社

品川氏館については、西品川の貴船神社の他、豊町の戸越公園、大井4丁目の西光寺東側といった説もある。

DATA

- 品川区西品川3丁目（貴船神社）、品川区豊町2丁目（戸越公園）
- 不明
- 品川氏
- 貴船神社へはJR山手線大崎駅より徒歩約10分、戸越公園へは東急大井町線戸越公園駅より徒歩約6分

池上氏館

IKEGAMISHI-YAKATA

日蓮入滅の霊場となった居館跡

本門寺石段

加藤清正の寄進によって造営されたと伝わる96段の石段。

©HOTATE/PIXTA

館は谷地に、城は台地に

池上駅から北へ。呑川を越えると、都内屈指の名刹・池上本門寺が、長い石段とともに見えてくる。またここは、池上氏館跡としても知られる。

弘安5年（1282）、病身の日蓮はこの地の武士・池上宗仲の館に滞在中、入滅した。宗仲は自らの館や土地を寄進して、池上本門寺が建ったという。

池上氏館の場所は、本門寺多宝塔より西の谷地で、現在、子院の大坊本行寺のある付近だ。同寺は宗祖入滅の旧跡として、霊場になっている。

本行寺の東側は急な斜面で、その上にある紀州徳川家墓所の斜面側に館時代のものと思われる土塁が続いている。曲輪跡だろうか。

©プレミアムフォトスタジオ Takashi Images/PIXTA

土塁が残るという紀州徳川家墓所

墓所左奥、雲岳院墓塔の後方右端の土塁は、池上氏館のものともいう。

©mr.アルプ/PIXTA

大坊本行寺赤門と本堂

本行寺のご臨終の間は池上氏館の仏間跡で、日蓮は入滅まで講義を続けた。寄りかかっていた柱が一部残る。

©northsan/PIXTA

本門寺空撮

北西上空から望む。中央右下、本門寺境内より低い谷にある子院のうち、手前中央寄りの緑屋根付近が、館跡の大坊本行寺。

©クライム/PIXTA

石段上から街を望む

本門寺一帯は丘陵の最南端で、西から南に呑川が洗い、眺望もよかった。

おそらく平時は谷地にある館で生活し、有事には現在本門寺の伽藍が並ぶ、見晴らしのよい台地上に築いた砦を、「詰の城」にする想定であったのだろう。

なお本門寺の南、呑川を越えたあたりに、平間街道（池上道、相州鎌倉街道）が東西に走っており、品川から池上経由で鎌倉までを結んでいた。

DATA

- 大田区池上2丁目
- 不明
- 池上宗仲
- 東急池上線池上駅より徒歩約10分

ARAIJUKU-JO

新井宿城

古社の丘が語る
梶原氏の城伝承地

©kawa/PIXTA

荒藺ヶ崎熊野神社

新井は荒藺とも書いた。領主の梶原氏によって招かれた紀州の人々が同社を祀ったという。

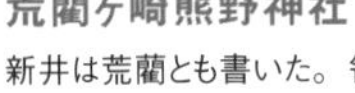

POINT
熊野神社から付近を見下ろすと、築城に適した地だと実感できる

©kawa/PIXTA

善慶寺山門越しに城跡を望む

熊野神社の別当（管理者）を務めた善慶寺。同寺には、江戸時代に年貢減免を訴えて処刑された、新井宿義民六人衆が眠る。

舌状台地先端の好適地にある城跡

善慶寺（ぜんけいじ）付近はかつて新井宿村で、「荒藺ヶ崎（あらいさき）」として『万葉集』にも詠（よ）まれたという。善慶寺の参道は寺の東にあるが、境内奥には、荒藺ヶ崎熊野神社へと続く石段があり、明治時代までの神仏習合の面影が残る。神社の鎮座する丘が、新井宿城跡だといい、戦国の頃、一帯を領した北条氏家臣・梶原日向守（ひゅうがのかみ）の城だというが、遺構はない。伝承地は南西に突き出た舌状台地先端で、築城の好適地だ。すぐ東には旧池上道が南北に走る。

DATA
- 大田区山王3丁目
- 不明
- 梶原日向守か
- JR京浜東北線大森駅より徒歩約8分

馬込城

MAGOME-JO

梶原景時ゆかりの寺と梶原氏の城

湯殿公園から湯殿神社境内を望む

湯殿神社は萬福寺から約500m西、萬福寺付近から続く台地の西端にあたる。

POINT
湯殿神社から萬福寺にかけて台地上にあり、東を除く三方が斜面だ

萬福寺鐘楼門

梶原景時が源頼朝の命で大井に建立し、6代景嗣が現在地に移したという。寺内には景時の墓と伝わる塔もあるが、北条氏家臣の梶原氏の誤伝とする説もある。

©白熊/PIXTA

遺構は確認されていないが広大な城だったとの説も

西馬込駅から約200メートル北東に湯殿神社がある。ここは馬込城の西端とされ、台地上に鎮座する。さらに北東に進むと萬福寺に至り、ここが城の東端だという。異説もあり、萬福寺より東の北野神社が東端、臼田坂下が南端、区立馬込図書館が北端、という広大な城域だったともいわれる。いずれにせよ、遺構は確認されていない。戦国時代には北条氏家臣・梶原助五郎が馬込村を支配したが、馬込城については、不明な点が多い。

DATA
- 大田区南馬込
- 不明
- 梶原助五郎か
- 萬福寺へは都営地下鉄浅草線西馬込駅より徒歩約15分

SAITOSHI-YASHIKI

斎藤氏屋敷

■ 多摩川河口に近い屋敷伝承地

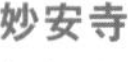

妙安寺

創建は永禄年間(1558～69)で、妙安尼が夫の行方修理亮義安の討死後、兄の屋敷内に結んだ庵室がもと。門柱は斎藤氏ゆかりの朱塗り門の跡。

蒲田八幡神社

荏原郡蒲田から新宿村が分村する際、鎮守の神として祀られた。その時期は諸説あるが、慶長5年(1600)説が一般的なようだ。妙安寺に隣接する。

北条氏家臣に嫁いだ妹

京急蒲田駅西口付近に、斎藤氏屋敷があったという。現在、妙安寺と蒲田八幡神社がたたずむ一帯だ。

斎藤氏の詳細は不明だが、妙安寺の寺伝では、斎藤政賢の妹が北条氏家臣の行方氏に嫁ぎ、夫の死後、兄の屋敷内に結んだ庵室が寺の前身だという。斎藤氏も北条氏配下だったのだろう。遺構は未確認だが、斎藤氏ゆかりの朱塗りの門が残存し、空襲で焼失したという。一帯は北に呑川が流れる微高地で、南は多摩川河口だ。

DATA

- 大田区蒲田4丁目
- 不明
- 斎藤政賢
- 京浜急行蒲田駅より徒歩約2分

行方氏館

NAMEKATASHI-YAKATA

六郷を領した行方弾正の館伝承地

写真提供：大田区教育委員会

行方弾正直清供養塔

碑面には、円頓寺の中興開祖と名乗る日芸が、直清の供養のために塔を建立したと記されている。江戸時代初期のものとみられる。大田区指定史跡。

円頓寺

天正18年（1590）の小田原攻めで討死した行方直清の弟・日芸が、兄と一族の菩提を弔うために、屋敷跡に寺を創建したのが始まりと伝わる。

京急蒲田駅西口から北へ。呑川の先の円頓寺は、行方弾正直清の館跡だという。直清は、妙安尼が嫁いだ行方修理亮義安の息子とされる。

行方氏は鎌倉時代から六郷を領し、南北朝期に領地を失うが、上杉氏、さらに北条氏の下で旧領を回復した。遺構は未確認だが、微高地の館跡の南を洗う呑川には弾正橋が架かり、円頓寺と妙安寺の往来をうかがわせる。

DATA

- 大田区蒲田2丁目
- 不明
- 行方弾正直清
- 京浜急行梅屋敷駅より徒歩約7分

六郷殿館

ROKUGODONO-YAKATA

謎の人物〝六郷殿〟が居住したと伝わる館跡

写真提供：日本の城巡り MARO参上 藤江信之

青巒寺

青巒寺は昭和28年（1953）の創建。同寺および隣接する蒲田小学校付近が、六郷殿館跡と伝えられている。

©ペイレスイメージズ2/PIXTA

蒲田小学校前に架かるあやめ橋から呑川を望む。城跡前を流れるこの呑川を、天然の堀としたのだろうか。

行方氏館跡とされる円頓寺から約500メートル西、呑川の側に青巒寺がある。ここは六郷殿館跡だという。

北条氏配下とされる六郷殿が誰を指すのかよくわからないが、上杉式部大輔憲幸と息子・氏幸だとする説がある。憲幸は関東管領上杉憲政の息子だが、北条氏に城を攻略され従ったのだという。しかし、憲幸父子の実在は確認できない。伝承地は川沿いの微高地だ。

DATA

- 大田区東蒲田1丁目付近
- 不明
- 上杉氏か
- JR京浜東北線蒲田駅より徒歩約5分

東京城跡MAP　23区西部・南部

千代田区
①星ヶ岡城 …… P.42

港区
②白金城 …… P.43
③今井城 …… P.44
④西久保城 …… P.45
⑤番神山城 …… P.45

新宿区
⑥牛込城 …… P.46
⑦御殿山城 …… P.47
⑧筑土城 …… P.48

中野区
⑨城山 …… P.48
⑩中野長者屋敷 …… P.49

渋谷区
⑪渋谷城 …… P.50

練馬区
⑫石神井城 …… P.52
⑬愛宕山砦 …… P.54
⑭右馬頭屋敷 …… P.54
⑮練馬城 …… P.55

世田谷区
⑯世田谷城 …… P.56
⑰奥沢城 …… P.58
⑱赤堤砦 …… P.59
⑲烏山城 …… P.59
⑳等々力城 …… P.60
㉑深沢城 …… P.60
㉒瀬田城 …… P.61
㉓喜多見城 …… P.62

目黒区
㉔伝目黒氏館 …… P.63

品川区
㉕伝今川氏館 …… P.63
㉖伝梶原氏館 …… P.64
㉗御殿山城 …… P.65
㉘伝品川氏館 …… P.65

大田区
㉙池上氏館 …… P.66
㉚新井宿城 …… P.68
㉛馬込城 …… P.69
㉜斎藤氏屋敷 …… P.70
㉝行方氏館 …… P.71
㉞六郷殿館 …… P.71

練馬区
板橋区
練馬駅
豊島区
池袋
中野区
武蔵野市
三鷹駅
吉祥寺駅
中野駅
新宿区
杉並区
新宿駅
三鷹市
渋谷駅
調布市
世田谷区
目黒駅
川崎市
多摩区
多摩川
品川区
川崎市
宮前区
川崎市
高津区
呑川
横浜市
青葉区
川崎市
中原区
蒲田駅
多摩川
横浜市
都筑区
横浜市
港北区
川崎市
幸区
14
15
12
13
9
10
18
19
11
2
16
24
23
21
22
17
28
20
31
29
30
34
32

Column ③

城跡に神社・寺が多い理由

静勝寺（稲付城跡）
稲付城の一角、もしくは廃城後に、太田道灌を弔う草庵を結んだのが静勝寺の始まりであるという。

鎮魂、信仰、そして立地

中世の城跡を訪ねると、寺や神社になっていることが多い。これには、大きく3つの理由が考えられるだろう。

1つ目は鎮魂。討死した者らを弔（とむら）い、鎮（しず）めるための寺社建立だ。

2つ目は、城主の信仰。たとえば城主だった父の死後、別の城にいた息子が父の城に寺を建てて菩提を弔うことがある。また、城内に神社を建てて守護神を祀り、宗教的な加護を願うことは多くの城で行われた。そうした寺社が、廃城後も残ったケースだ。

3つ目は立地。中世の城の多くは台地上に築かれ、川の氾濫や自然災害にも耐えうる造りになっていた。また主要な街道など、交通の要所を押さえていることも多い。つまり城跡は、寺や神社にすれば人々が集まりやすく、永続的に栄える条件を満たした好立地なのだ。逆に好立地の寺社を、城砦化することもあった。

なお山城の場合は、もともとあった山岳宗教施設などを取り込んで築くことが多かったため、廃城後も施設が残っている。

写真提供：けんちの苑みずほ

福正寺（村山城跡）
武蔵七党村山党の一族・村山氏の館跡と伝わる福正寺。寺には北条氏に仕えた村山義光の位牌や一族の墓が遺されている。

第3章

多摩地域の城めぐり

東部編

高幡城跡遠景

©kazz zzak/PIXTA

戦国時代、多摩地域東部では北条氏と上杉氏が熾烈な戦い繰り広げた。
さらに遡ると、新田義貞と鎌倉幕府軍の激戦の地でもある。
他にも小山田氏や平山氏など、今も同地で崇敬される、
名を馳せた武将たちゆかりの遺構が数多く眠る。

天神山城

TENJINYAMA-JO

■ 仙川に突き出す台地上の謎の城跡

曲輪

北から東に屈曲する仙川と、東側の堀、土塁の間に曲輪がある。削平されておらず、緩やかに傾斜し、臨時に造営された城の可能性を示す。

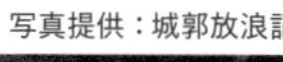

写真提供：城郭放浪記

仙川対岸から城跡を遠望

城跡が、仙川に突き出す舌状台地の先端であることがよくわかる。

写真提供：城郭放浪記

土塁

東側に堀と土塁から成る塁線があり、横矢掛かりの折れになっている。

北条方の城か、扇谷上杉方の城か

仙川駅から北へ。仙川沿いに進み、東西に走る中央自動車道の高架を潜ると、屈曲する仙川と天神山通りに挟まれた新川天神山青少年広場に至る。ここは天神山城の跡だという。築城者は不明だが、出土品から、大永４年（１５２４）の深大寺城攻防の中で北条方、もしくは扇谷上杉方が築いたと推定される。なお仙川を挟んで島屋敷跡があり、その詰の城だった可能性も高い。城跡には土塁、堀、曲輪などを確認できる。

DATA

- 三鷹市新川2丁目
- 大永4年（1524）頃か
- 不明
- 京王線仙川駅より徒歩約25分

島屋敷

SHIMA-YASHIKI

■周囲を低地に囲まれた中世の屋敷跡

島屋敷跡の案内板

屋敷跡は高層団地になっている。団地の敷地東側付近で、遺構が集中して見つかった。遺構は現在、緑地になっている。

写真提供：城郭放浪記

写真提供：城郭放浪記

発掘調査時の写真

平成4～15年（1992～2003）にかけて行われた発掘調査では、15世紀後半を中心とする遺構が検出された。

写真提供：城郭放浪記

外縁部

この一角は土壇のようにも見えるが、発掘調査の報告書によると、島屋敷の遺跡からは、防御のための土塁や堀は確認されていない。

軍事的機能は備えていなかった？

天神山城跡から西へ100メートル余りの仙川沿いに位置する島屋敷跡。低地に囲まれた島状の丘陵に立地するので、そう呼ばれている。一説に、金子時光、同弾正の屋敷跡ともいう。発掘調査では中世の屋敷跡の遺構は多数発見されたものの、堀や土塁などの防御施設は検出されず、軍事的な機能は備えていなかったようだ。屋敷の北から東を仙川が天然の堀となり、すぐ東には天神山城、また少し北には人見街道が東西に走る。

DATA

- 三鷹市新川4～5丁目
- 不明
- 金子氏か
- 京王線仙川駅より徒歩約30分

牟礼砦

MURE-TORIDE

深大寺城の前に立ちはだかった城

写真提供：日本の城巡り MARO参上 藤江信之

神明社

北条綱高が高番山に砦を築いた際、飯倉神明宮（現、芝大神宮）の分霊を勧請し、陣内鎮護としたのが始まり。南を走る人見街道を見下ろす。

写真提供：日本の城巡り MARO参上 藤江信之

神明社入口の石段

牟礼は山や丘を意味する。実際、高番山付近は三鷹市内で最も標高が高い。北条綱高が松の老木に掲げたという旗は、遠方からもよく見えただろう。

北条氏の歴戦の将が築いた砦

三鷹台駅から駅前通りを南下、玉川上水を越えると、高番山と呼ばれる小高い丘に神明社が鎮座する。ここは北条氏の牟礼砦の跡だ。天文６年（１５３７）、扇谷上杉氏は家臣の難波田弾正を深大寺城に入れ、江戸城奪回を図る。これに対し、主命を受けた江戸城主の歴戦の将・北条綱高は、牟礼砦を築いて深大寺城と対峙し、最終的に勝利した。遺構はないが、弟の守る烏山城とともに約４キロ西の敵をにらんだのだろう。

DATA

- 三鷹市牟礼2丁目
- 天文6年（1537）
- 北条（高橋）治部少輔綱高（綱種）
- 京王井の頭線三鷹台駅より徒歩約10分

伝狛江入道館

KOMAENYUDO-YAKATA

写真提供：城郭放浪記

晃華学園中学校・高等学校

学園構内に、狛江入道の碑が建つ。『吾妻鏡』には鎌倉時代に、狛江入道増西が配下とともに寺領に乱入したとあり、その入道の館跡という。

武蔵七党の西党庶流の館伝承地

柴崎駅から佐須街道を西北に進み、原山通りを北へ折れると、市立中学校に隣接して晃華学園がある。ここは狛江入道館の伝承地だ。

段丘の縁にあたる立地で、かつては四周を堀が廻っていたという。狛江氏は武蔵七党の一つ、西党の庶流というが詳細は不明。現在、遺構はなく、西側の切通しの道が堀跡という。北を深大寺道、東を鎌倉街道が走る。

DATA

- 調布市佐須町5丁目
- 不明
- 狛江氏か
- 京王線柴崎駅より徒歩約17分

柴崎陣屋

SIBASAKI-JINYA

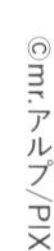

©mr.アルプ/PIXTA

柴崎稲荷神社

創建年代は不詳だが、北条氏より社地の寄進を受けたという。古くは天満宮山王稲荷合社と称し、境内には羽黒修験寺の三開寺があった。

深大寺城の出城説もある謎の伝承地

狛江入道館跡から約４００メートル東、鎌倉街道近くの住宅地にある柴崎稲荷神社は、柴崎陣屋跡だという。

一説に武蔵七党の一つ、野与党の柴崎氏、もしくは江戸氏庶流喜多見氏の城跡ともいうが詳細は不明だ。

遺構はないが、社殿は段丘上に建ち、かつて見晴らしはよかっただろう。なお深大寺城の出城という説もあり、謎に包まれた城跡伝承地だ。

DATA

- 調布市柴崎2丁目
- 不明
- 不明
- 京王線柴崎駅より徒歩約13分

深大寺城

JINDAIJI-JO

■扇谷上杉氏の築城技術を残す城跡

©ヤグチ/PIXTA

建物柱跡

第二郭（二の曲輪）の建物柱跡。発掘で検出された数棟の掘立柱建物のうちの、2棟の柱跡を示す。将兵らが使用した建物だろう。

城郭遠望

神代植物公園から北を望む。左の林が城跡。城の東側にあたる水生植物園の場所は、当時から湿地だった。

©レスペラ/PIXTA

POINT

北条氏に改変されず、扇谷上杉氏の築城技術がそのまま残る稀少城郭

3つの曲輪で南からの敵に備える

都内では、浅草寺に次ぐ古刹の深大寺。名物の深大寺そばも人気だ。そして、実は戦国の城跡が隣接する——扇谷上杉氏が築いた深大寺城だ。

大永4年（1524）、北条氏は扇谷上杉氏の江戸城を攻略。奪還を図る上杉氏は、本拠の河越城から南に下った、多摩川北の丘陵に築城する。それが深大寺城だ。天文6年（1537）のことで、家臣の難波田弾正が築いたという。ところがその後、北条氏が直接河越城を攻めて上杉氏を破ったため、深大寺城は戦わぬうちに北条氏の手に落ち、そのまま廃城となった。

城は武蔵野台地の南縁で、東南の台地先端が主郭、その北側から

©たき/PIXTA

写真提供：城郭放浪記

▲城跡碑

◀郭跡の土塁

主郭の周囲は土塁が囲み、北、北東隅、南の3ヵ所に虎口（出入口）があった。また南側は遠方まで一望できた。

写真提供：調布市郷土博物館

発掘調査時の主郭堀

主郭の堀は上面幅7m、深さ4mほどの薬研堀で、土塁からの高低差は8m。

写真提供：調布市郷土博物館

発掘調査時の第二郭土塁

遺跡からは新旧2時期の空堀が発見され、難波田弾正の築城前に、すでに「ふるき郭」があったことを裏づける。

写真提供：城郭放浪記

空堀

第二郭西側の空堀は上面幅9m、深さ3.5m。現況よりも、はるかに深い。

西側をとり囲むように第二郭、さらに西側の第三郭で構成され、主郭北には櫓台があった。

城の東は湧水による湿地で、南は野川が流れる。その先は多摩川まで低地なので、南側の眺望がよかった。多摩川を越えると、上杉氏と北条氏が激突した小沢原の戦場がある。城は、南からの敵の侵攻に備えていた。

DATA

- 調布市深大寺元町2丁目
- 天文6年（1537）
- 難波田弾正広宗
- 京王線調布駅より徒歩約35分。調布駅よりバス利用が便利
- 史 都指定史跡

浅野長政屋敷

ASANONAGAMASA-YASHIKI

豊臣五奉行の浅野氏恭順伝承地

諏訪神社境内

北側駐車場付近、南西の宅地に塁状の高まりがある。神社東のはけた坂は、府中崖線に由来する名だ。

写真提供：府中市文化スポーツ部ふるさと文化財課

府中市遺跡調査会・府中市教育委員会「武蔵国府の調査45」－平成23年度府中市内遺跡発掘調査概報－2015年、第688図

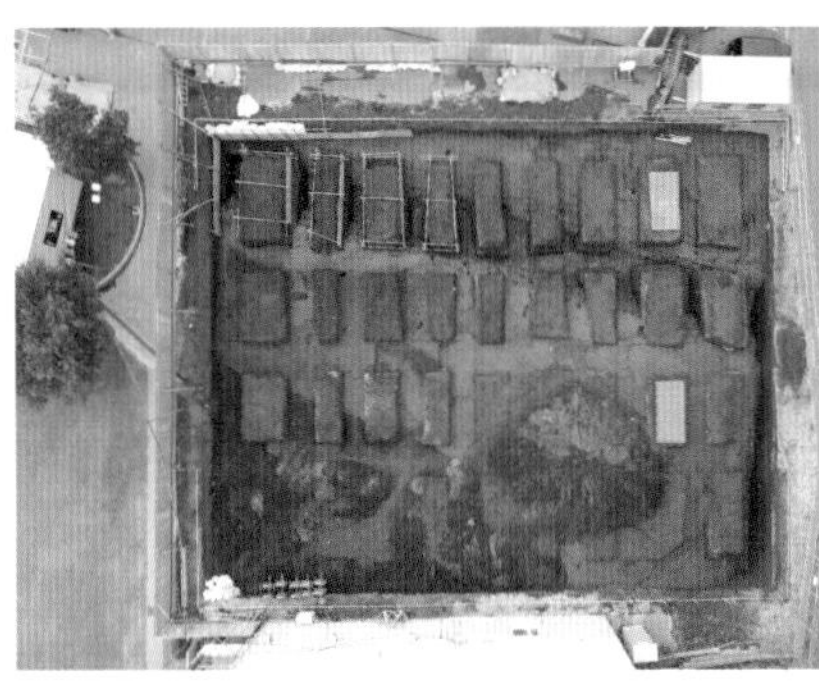

写真提供：府中市文化スポーツ部ふるさと文化財課

発掘調査時の空撮写真

白糸台幼稚園の園舎の南側にも土塁が残る。かつては幼稚園から諏訪神社境内にかけて、西、北、東の3方向に土塁が廻っていたようだ。現在は通路になっている。

府中市遺跡調査会・府中市教育委員会「武蔵国府の調査45」－平成23年度府中市内遺跡発掘調査概報－2015年、第100図

謹慎屋敷跡に残る土塁

武蔵野台駅から線路を左にして東へ。白糸台幼稚園と諏訪神社のある一帯が、浅野長政屋敷跡だという。長政は豊臣秀吉の下で活躍した武将で、豊臣政権の五奉行の一人だ。ところが秀吉没後、慶長4年（1599）に徳川家康暗殺の嫌疑をかけられ、隠居謹慎したのが、江戸に近いこの地だった。翌年の関ヶ原合戦で、長政は徳川秀忠軍に加わり、慶長10年には江戸に移るので、府中の屋敷にいた期間は6年ほどだろう。

DATA

- 府中市白糸台5丁目
- 慶長4年（1599）
- 浅野長政
- 京王線武蔵野台駅より徒歩約12分
- 史 都指定旧跡

高安寺塁

KOANJI-RUI

■ 数多の武将が陣取った国府至近の寺

写真提供：府中市文化スポーツ部ふるさと文化財課

高安寺本堂

本堂は享和3年（1803）の再建。本堂に掲げられた扁額の「等持院」は、中興した足利尊氏の法号であり、足利氏ゆかりの寺だ。

写真提供：府中市文化スポーツ部ふるさと文化財課

高安寺山門

高安寺境内で明確な遺構は発見されていないが、寺周辺では複数の堀や溝が発掘調査で検出されており、城砦化していたことがわかる。

要所ゆえに城砦化された寺

府中は古代、武蔵国府が置かれた地。多くの道が府中を通り、国衙が廃れた中世でも要所だった。そして、国府に近い寺を武将たちが陣所とする。国府の西にある高安寺だ。最寄りの分倍河原駅前に新田義貞像が建つが、義貞が分倍河原の合戦で本陣にしたのがまさに高安寺。その後も、歴代の鎌倉公方が出陣のたびに陣所としたため、戦火も受けている。寺は府中崖線の縁にあり、二つの鎌倉街道に挟まれた城砦の好適地だ。

DATA

- 府中市片町2丁目
- 不明
- 新田義貞、鎌倉公方ら
- 京王線、JR南武線分倍河原駅より徒歩約7分

谷保の城山

YAHONOJOYAMA

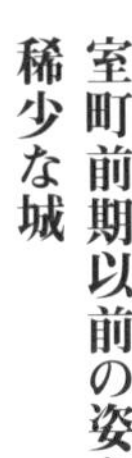

室町前期以前の姿を残す稀少な城

©i-flower/PIXTA

堀跡の道

城の南東側から通路に入る。通路は空堀跡だ。城の東側は幅20m ほどの谷を空堀として、防御を固めていた。

©i-flower/PIXTA

城山全景

城跡の主要部は個人の私有地で、曲輪内への立ち入りはできない。通路内から堀跡、土塁跡等の見学となる。

居館ではなく戦闘拠点か

谷保駅から天満宮を経て、甲州街道を西へ。国立市役所入口の信号を南に入った住宅地の先に、こんもりとした林が見えてくる――谷保の城山（三田氏館）だ。

江戸時代から津戸三郎の屋敷といわれ、中世城館跡として知られていた。津戸三郎為守は源頼朝の御家人だが、三郎の屋敷を裏づけるものはない。一方で、三田貞盛が城主という説もある。形態は土塁や空堀に折れがなく、室町前期以前の古い築城の姿を留める。

城は西から南に流れる多摩川の東、青柳崖線の段丘の端に位置する。崖下からは豊富な湧水があり、城の南側を小川となって流れた。城は3つの曲輪からなり、北に一

空堀

空堀から城の西側斜面を見る。崖線の地形を巧みに活かし、台地の縁に築城していたことがわかる。

©みき/PIXTA

©ジョー/PIXTA

城山公園入口

城跡の南側、青柳崖線の段丘下に、東西に細長く城山公園がある。 緑豊かな園内には池や小川が流れる。

©みき/PIXTA

土塁跡

土塁は、3つの曲輪をすべて取り囲むように築かれていた。また城南東から、谷を隔てた対岸崖にも土塁が残る。

写真提供：くにたち郷土文化館

1939年頃の城山

1928年発行の『武蔵野歴史地理』によると、当時は城跡の西側に、さらにもう一つ曲輪が連なっていたようだ。

の曲輪、その南東に二の曲輪、西に三の曲輪が配置され、さらに西にもう一つ曲輪があった可能性もある。また東の谷を隔てた対岸にも、土塁が見られる。

小規模ながら実戦的な縄張であり、居館ではなく戦闘拠点だったのかもしれない。なお、城跡の主要部は個人の私有地であり、見学はできない。

DATA

- 国立市谷保
- 室町前期以前か
- 三田氏か
- JR南武線谷保駅もしくは矢川駅より徒歩約20分
- 史 都指定旧跡

伝立川氏館

TACHIKAWASHI-YAKATA

■ 鎌倉の御家人 立川氏の館伝承地

土塁

山門付近に残る土塁跡。土塁は東西に2本確認でき、その脇には堀割跡と思われる道が通る。土塁と南の崖線、北の道路内が城館の範囲か。

普済寺境内

境内の首塚から60数枚の板碑が見つかり、その年代から鎌倉時代の築城とされたが、その後の発掘調査では室町時代の遺構が検出されている。

室町時代の土塁や堀が残る

立川駅から中央線沿いに南へ。残堀川北岸に接する古刹・普済寺は、立川氏館跡と伝わる。立川（立河）氏は武蔵七党の西党日奉氏の流れで、『吾妻鏡』にも記載され、鎌倉幕府御家人とされる。戦国時代には北条氏に従い、後に水戸徳川家に仕えた。館が立川氏のものである可能性は高いが、発掘で検出されたのは中世後期の遺構で、伝承と異なる。館跡には土塁、堀跡が残り、西から南へ残堀川が、南の多摩川へと注いでいる。

DATA

- 立川市柴崎町4丁目
- 室町時代か
- 立川氏か
- JR中央線立川駅より徒歩約15分

OZAWA-JO

小沢城

■ 矢野口の渡しを押さえる山城

©tantan/PIXTA

物見台跡

小沢峰の物見台跡。城内最高所は浅間山だが、雑木がなければ眺望はよい。多摩川の矢野口の渡しをはじめ、深大寺城、府中までもにらんだ。

©tantan/PIXTA

小沢城跡碑

富士塚跡に建つ。富士塚は江戸時代の富士山信仰の名残で、城の中心部は北の小沢峰、浅間山になる。富士塚と小沢峰の間には大堀切がある。

北方をにらみ、合戦の舞台に

京王よみうりランド駅の東、浅間山、小沢峰（天神山）周辺が小沢城跡だ。稲毛重成、小沢小太郎の築城ともいうがはっきりしない。南北朝の頃、足利尊氏方の高麗経澄が城を焼き、戦国時代には扇谷上杉朝興が攻め、北条氏康との小沢原合戦となった。城は馬場とされる曲輪が主郭と思われ、付近に複数の曲輪を持つ。小沢峰の西と浅間山の東に堀を切り、その内側が城域。北の三沢川を天然の堀とし、矢野口の渡しを押さえた。

DATA

- 稲城市矢野口／神奈川県川崎市多摩区菅仙谷
- 不明
- 小沢氏か
- 京王相模原線京王よみうりランド駅より徒歩6分

小沢蔵屋敷

OZAWAKURA-YASHIKI

丘陵の裾（すそ）にある小沢氏の館伝承地

©mr.アルプ/PIXTA

妙覚寺本堂

室町時代末頃の創建という古刹。開基は12代将軍足利義晴。寺の境内は小沢蔵屋敷の跡とされる。三方を丘に囲まれ、参道のある東側は谷だ。

板碑（文化財）

市内最大の板碑。室町時代中期に、道秀という人物が逆修供養で建てた。

©mr.アルプ/PIXTA

©mr.アルプ/PIXTA

境内入口

石段を上って境内に入る。筆塚や板碑の場所は、境内からさらに石段を上った先で、高低差がよくわかる。

小沢小太郎が築いた平時の居館跡か

京王よみうりランド駅から、小沢城跡とは反対の西へ。ほどなく古刹・妙覚寺（みょうかくじ）に至る。周辺は小沢蔵屋敷跡だという。一説に小沢小太郎の屋敷跡というが、小沢城同様、よくわからない。江戸時代までは馬場跡や、蔵地下（くらじげ）という地名が残っていたらしい。

特に遺構はないが、寺は丘陵の裾に位置しており、平時はこの館で生活し、有事には東の小沢城に入る想定だったとも考えられる。中世の城館の姿を想像させる伝承地だ。

DATA

- 稲城市矢野口
- 不明
- 小沢氏か
- 京王相模原線京王よみうりランド駅より徒歩5分

長沼城
NAGANUMA-JO

写真提供：sirotabi.com

長沼城跡
報恩寺跡碑

三沢川の亀山橋前に建つ。付近には亀山と呼ばれる尾根があり、長沼城は尾根上に築かれていたという。廃城後は報恩寺となったが、これも廃された。

宅地化の波に消えた城跡伝承地

稲城駅から北へ。亀山橋を渡ると、長沼城跡の石碑が建つ。この地は、長沼氏の城跡という伝承がある。

長沼氏は武蔵七党の西党日奉氏の庶流で、『吾妻鏡』や『太平記』にも登場する。城は尾根上にあったというが、長沼氏のものという確証はない。

なお城跡は江戸時代に寺となり、明治末に廃寺。やがて戦後の宅地化の波にのまれて、尾根ごと消滅した。

DATA

- 稲城市東長沼、百村
- 不明
- 長沼氏か
- 京王相模原線稲城駅より徒歩約5分

百村館
MOMURA-YAKATA

©mr.アルプ/PIXTA

竪神社

現在は多摩ニュータウンの中にあるが、かつては山の上に鎮座していたという。竪とは、中世にあった百村城の「館」が、竪に転じたとする説もある。

竪神社や地名が語る城館伝承地

長沼城跡の石碑から、坂道を西の台地へ登る。途中右に、城山公園に行く城山通りがあるが、直進。稲城中央公園野球場から幹線道路を挟んで左側（南）に小ぶりな竪神社がある。この付近が百村城跡だという。

もっともその根拠は館台、館谷といった昔の地名のみで、城主の伝承も遺構もない。ただし台地縁辺の立地で、城館を築く好適地だ。

DATA

- 稲城市百村3号、坂浜43号
- 不明
- 不明
- 京王相模原線稲城駅より徒歩約20分

大丸城

OMARU-JO

多摩川の是政の関を眼下にする城

写真提供：日本の城巡り MARO参上 藤江信之

大丸遺跡

城の遺構はなく、住宅地に案内板が立つのみ。中世の城跡だけでなく、縄文時代から江戸時代に及ぶ複合遺跡だったが、宅地造成で消滅した。

写真提供：日本の城巡り MARO参上 藤江信之

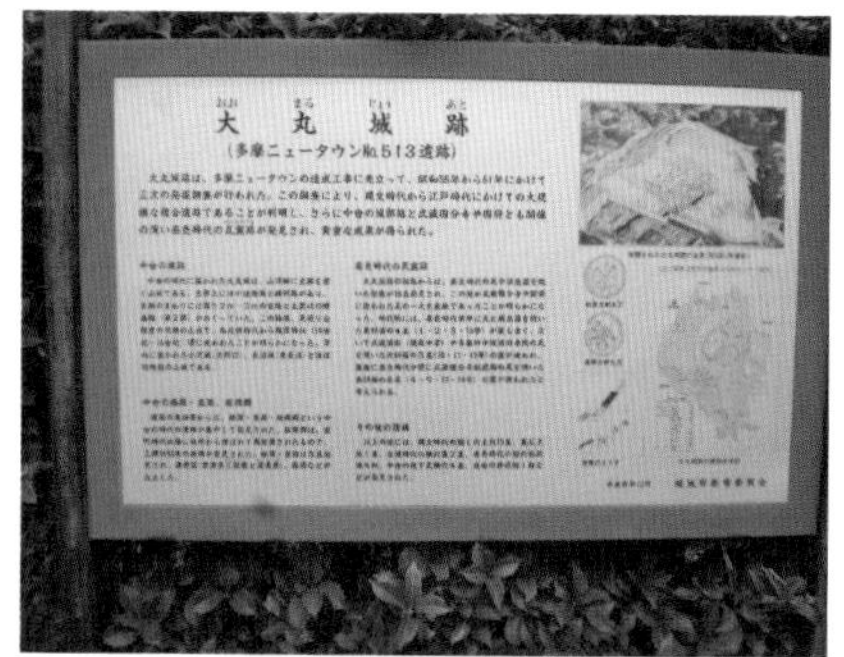

城跡の案内板

発掘調査の結果、尾根先端に主郭、主郭の南に帯曲輪とされる二の曲輪、その南西に三の曲輪が確認された。従来説の単郭式城跡ではなかったようだ。案内板には発掘時の写真も掲示されている。

府中国府までを望む物見櫓があった

南多摩駅から府中街道を南へ。小児科医院の手前を東に入った住宅街に、大丸遺跡案内板が立つ。大丸城跡だ。西側の城山公園は関係ない。城主等の伝承はないが、多摩川へと延びた丘陵の先端にあり、多摩川の先の府中国府まで望むことができた。主郭の北には物見櫓と思われる建物跡があり、大丸城の主任務が、眼下の多摩川の「是政の関」と渡河点の監視であったことを裏づける。ただし城跡は、造成工事により失われた。

DATA

- 稲城市大丸、向陽台6丁目
- 不明
- 不明
- JR南武線南多摩駅より徒歩約5分

川辺堀之内城

KAWABE HORINOUCHI-JO

■ 浅川を望む 詳細不明の城跡

城北東の土塁跡
北東側に突出した部分の土塁。後方はゴルフ練習場のネット。曲輪内は平坦に整形されておらず、自然地形だ。土塁の外側は堀があったと思われる。

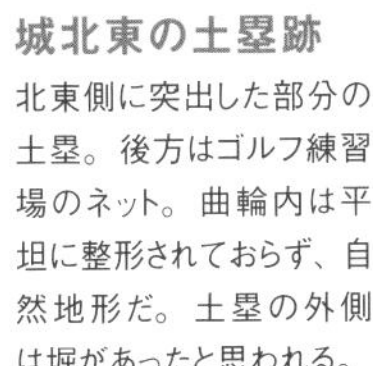

城館推定地を遠望
令和元年度に行われた発掘調査では、城跡の東側から幅約5mの薬研堀が発見されたほか、中世の擂鉢(すりばち)や甕(かめ)の破片なども出土している。

立河原(たちがわら)合戦における陣城(じんじろ)の跡か？

豊田(とよだ)駅から東へ。浅川の北、川辺堀之内に城跡がある。その名も川辺堀之内城。堀之内という城を連想させる地名だが、伝承等は一切ない。城跡は河岸段丘上で、舌(ぜっ)状(じょう)に突き出た部分を台地から切り離すように、土塁と堀が存在する。舌状の部分が曲輪で、南側の低地とは9メートルほどの比高差だ。不明な点が多いが、立河原合戦の際の陣城の可能性や、三鷹市の天神山城、国立市の谷保の城山との類似点も指摘されている。

DATA
- 日野市川辺堀之内
- 不明
- 不明
- JR中央線豊田駅より徒歩約25分

高幡城

TAKAHATA-JO

■ 高幡不動尊の裏山に築かれた謎の城

©kazz zzak/PIXTA

高幡城遠望

金剛寺（高幡不動尊）の裏山・不動ヶ丘が城跡だ。主郭の標高は約125m、境内からの比高は約56mだという。

POINT
手軽に山城の雰囲気が味わえる。麓の高幡不動尊は土方歳三の菩提寺

2度の立河原合戦の舞台となった城山

高幡不動駅から西へ参道を進むと、ほどなく古刹・金剛寺（高幡不動尊）に至る。幕末に活躍した新選組副長・土方歳三の菩提寺で、境内に銅像も建つ。そして寺の裏山が、高幡城跡だ。

城についての記録は乏しく、裏山の麓に根小屋の地名が伝わるのみ。しかし享徳4年（1455）の第一次立河原（「たちかわのはら」とも）合戦では、犬懸上杉憲顕が金剛寺で自刃したとの記録があり、高幡城はすでに存在していたらしい。また永正元年（1504）の第二次立河原合戦でも、城の眼下が戦場となった。その後、北条氏照の家臣・高幡十右衛門が城主として入ったともい

©ケイセイ/PIXTA

馬場跡

城跡の南西にある曲輪で、馬場とも呼ばれる。かなり広い平場だが、戦後に造成された可能性もあるという。

©kazz zzak/PIXTA

二の曲輪虎口

石段を上がると、まず南北に細長く平坦な二の曲輪。さらに南には最高所の主郭だが、その間に堀切がある。

©kazz zzak/PIXTA

主郭からの眺望

不動ヶ丘は南の程久保から続く丘陵の先端で、眺望がよい。麓には根小屋の地名が伝わり、城跡を裏づける。

©kazz zzak/PIXTA

主郭跡

主郭は長径約35m、幅約12mで、規模から物見台の役割か。主郭を中心に、稜線上に堀切と曲輪が連続する。

われる。

城は丘陵の先端に築かれ、尾根に沿って細長い複数の曲輪や腰曲輪が連続する。堀切なども確認できるが、遊歩道の建設で変形した部分も少なくないという。横矢掛(よこやが)かりの土塁といった技法は見られず、地形を活かした素朴な築城の姿を留めている。浅川はもちろん、北方の多摩川まで見下ろすことのできた城だ。

DATA

- 日野市高幡
- 不明
- 高幡氏か
- 京王線高幡不動駅より徒歩約15分

伝日奉氏館

HIMATSURISHI-YAKATA

西党日奉氏の館と伝承される場所

写真提供：日野宮神社

日野宮神社

武蔵七党の一つ西党の祖で武蔵国国司だった日奉宗頼と、その孫の西内大夫宗忠を子孫が祀ったもの。

東光寺西公園

日野市新町5丁目一帯は、かつて東光寺西と呼ばれる台地だった。この付近に日奉氏の館があったともいう。

多摩川流域に勢力を広げた一族

日奉氏館跡の伝承地は二つある。日野駅から北西に徒歩約7分の日野宮神社。日奉宗頼らを祀る神社だ。もう一つは神社から西に向かった、谷地川東の東光寺西公園周辺。館の鬼門に建てたという、東光寺跡だ。日奉氏は武蔵七党の一つ西党の祖で、武蔵国西部、多摩川流域に勢力を広げた。館跡は特定できないが、東光寺西公園付近は高台で眺望がよく、谷地川や多摩川、街道にも近いため、築城には適していただろう。

DATA

- 日野市栄町2丁目（日野宮神社）
- 日野市新町4～5丁目（東光寺西公園）
- 不明
- 日奉氏
- 日野宮神社へはJR中央線日野駅より徒歩約7分

平山城

HIRAYAMA-JO

鎌倉御家人 平山季重の城伝承地

©ジョー/PIXTA

平山季重神社

主郭に鎮座。日奉神社ともいう。鎌倉の御家人平山季重を祀るが、季重の居城であったという確証はない。

©Caito/PIXTA

平山城址公園からの眺望

城跡からの見晴らしはよい。現在は木立が遮る主郭よりも、もう一段低い場所からの方が眺望はきくようだ。

©ジョー/PIXTA

平山城址公園入口

城址公園は多摩丘陵にあり、日野市と八王子市にまたがる。入口駐車場から右（北）に行くと主郭に至る。

臨時の城だったとの説も残る城跡

平山城址公園駅から南へ。平山城址公園は文字通り、平山城跡だ。しかし城に関する史料はなく、名前の由来となった鎌倉幕府重臣の平山季重の居城とする説も、確証はない。城跡は丘陵の縁にあり、曲輪や土塁を確認できる。主郭の標高は約170メートルで、麓（ふもと）からの比高は約56メートル。丘陵ながら山城の形態に近い。主郭に至る道には、虎口（こぐち）らしい施設も二つある。しかし全体的に簡素で、臨時の城だった可能性もある。

DATA

- 日野市平山6丁目
- 不明
- 平山氏か
- 京王線平山城址公園駅より徒歩約20分

平山氏館

HIRAYAMASHI-YAKATA

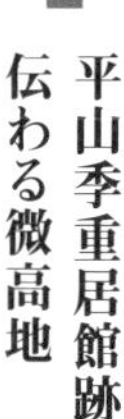

平山季重居館跡と伝わる微高地

©ジョー/PIXTA

館跡の碑

平山城址公園駅前のロータリーに建つ平山氏館跡の石碑。かつてこのあたりに大福寺と季重の墓があった。周辺に城館の遺構はない。

宗印寺にある平山季重墓

季重の墓はかつて大福寺にあり、明治時代の併合で宗印寺に移されたという。大福寺は、館跡の碑が建つ付近にあったとされる。

日奉氏の一族 平山氏の館跡か

平山城址公園駅の駅前ロータリーには、平山季重居館跡の案内板と石碑が建てられている。平山氏館の伝承地だ。

平山氏は武蔵七党の西党日奉氏の一族で、平山季重が源平合戦で活躍し、鎌倉幕府の重鎮となったことで知られる。館跡も季重の居館と伝わるが、確かな裏づけはない。

ただし伝承地は浅川に面する微高地で、西党の勢力圏であり、平山氏の館だった可能性は高い。

DATA

- 日野市平山5丁目
- 不明
- 平山氏か
- 京王線平山城址公園駅より徒歩約1分
- 史 市指定史跡

百草城

MOGUSA-JO

立河原合戦の際の陣城だった可能性も

©ponta2012/PIXTA

百草八幡神社

神社の創建は不明だが、狛犬に天平と刻まれた古社。この地には天平年間(729〜749)に真慈悲寺が建立され、その跡を築城に利用したようだ。

©ponta2012/PIXTA

城山遠望

百草城は、百草地区にある百草園や百草八幡宮の背後にある比高70mほどの山稜に築かれていたという。

城に関する伝承はないが数々の中世の遺構が残る

百草園駅から南へ——庭園で知られる百草園は、百草城の跡だ。城に関する伝承はない。しかし百草園の北から西、南の八幡神社に至る丘陵の尾根に沿って、曲輪や堀切、虎口が確認できる。曲輪は狭く、真慈悲寺の堂跡の再利用だったようだ。

城跡は、北で多摩川と浅川が合流し、その先に府中を望む要地であるため、立河原合戦の際の陣城だった可能性もある。

DATA

- 日野市百草
- 不明
- 不明
- 京王線百草園駅より徒歩約10分

関戸城

SEKIDO–JO

丘上から霞ノ関をにらんだ天守台

天守台付近

武蔵野台地が一望の丘。北に大栗川、東に乞田川、さらに北に多摩川を望む。

©ponta2012/PIXTA

©Gengorou/PIXTA

天守台近くの関戸熊野神社

社前は鎌倉街道で、建暦3年（1213）に「霞ノ関南木戸柵」が設けられた。

©Gengorou/PIXTA

天守台跡の標柱

近世の天守ではなく、物見台的なもの。眼下の関などを見張ったのだろう。

関戸合戦における関戸の塁攻略の舞台

聖蹟桜ヶ丘駅から南へ。ジブリ映画で有名ないろは坂を上ると、関戸城跡だ。築城者等の伝承はなく、遺構も宅地開発で消滅している。見晴らしのよい坂上にある、天守台から金比羅宮付近が主郭にあたるという。天守台とは物見台で、注視していたのは東南麓の霞ノ関。北の分倍河原で多摩川を渡った鎌倉街道が走り、古くから関戸の宿があった。新田義貞の関戸合戦や、扇谷上杉定正の関戸の塁攻略などが行われた要地だ。

DATA

- 多摩市桜ヶ丘1丁目
- 不明
- 佐伯氏か
- 京王線聖蹟桜ヶ丘駅より徒歩約15分

佐伯屋敷

SAEKI-YASHIKI

関戸城を守備した
武将の館伝承地

写真提供：日本の城巡り MARO参上 藤江信之

延命寺山門

廃寺となっていた延命寺を、戦国時代に地元の土豪佐伯道永が再興した。関戸古戦場跡に建ち、付近には討死した横溝八郎らの墳墓も残る。

写真提供：せいせき観光まちづくり会議

関戸古戦場跡の地蔵堂

新田義貞軍と北条泰家を総大将とする鎌倉幕府軍が熾烈な戦を繰り広げた場所。地蔵堂の傍らに「関戸古戦場跡」の標柱が建てられている。

鎌倉街道をにらむ北条氏重臣の屋敷跡

関戸城跡の北東、鎌倉街道沿いにあり、関戸古戦場跡の標柱が建つ地蔵堂。そこから西に入ると、延命寺がある。付近は佐伯氏の屋敷跡だという。佐伯氏は地元の一族で、佐伯道永は北条氏に仕えて、関戸城を守備した重臣だった。その屋敷跡と伝わる。

遺構はないが北に大栗川、東に乞田川が流れ、西は丘陵、東に鎌倉街道が走る、館を築くのに適した地だ。

DATA

- 多摩市関戸5丁目
- 不明
- 佐伯氏か
- 京王線聖蹟桜ヶ丘駅より徒歩約10分

ONOJI-JO

小野路城

■交通の要所に築かれた
小山田氏の城

POINT
城跡だけでなく、中世の鎌倉街道と小野路宿の雰囲気も味わえる

主郭跡と祠

山頂の主郭は、かつて横堀が曲輪を取り巻き、北側には土塁が確認できる。その崖下からは清水が湧いている。

小野路宿と鎌倉街道の監視

小野路には中世、鎌倉から府中を経て秩父に向かう鎌倉街道の宿があった。また相模と武蔵の両国府に小野という地があり、それを結ぶ道が小野路の由来ともいう。そんな要所を押さえたのが、丘陵上の小野路城だ。アクセスは多摩センター駅や、町田バスセンターからのバス利用が便利。

小野路城は小山田有重が承安元年（1171）に小山田城を築いた際、その支城として息子の重義を配したというのだが、史料的な裏づけはない。

長尾景春の乱では、山内・扇谷両上杉氏が小山田、小野路両城を拠点とし、長尾方に攻められ、落とされている。その後は大石氏、

主郭への道

小山田氏は武蔵国秩父平氏の末で、小山田有重は源頼朝に仕えている。

©きり/PIXTA

写真提供：城郭放浪記

小町井戸

主郭北側の崖下にある。小野小町が目を洗ったところ、病が治ったという伝説が残る。

©KiRi/PIXTA

主郭の南側

南側は、自然地形の広大な緩斜面が広がる。主郭の西方に二の曲輪がある。

©KiRi/PIXTA

奈良ばい谷戸

城跡北西の谷で、小山田城への通路とも。一説に新田義貞の「並べ」の下令に由来とも。

関屋の切通し

布田道（ふだみち）と鎌倉街道が交わる付近で、昔は関があった。小野路宿に至る。

©yuki/PIXTA

DATA

- 町田市小野路町
- 承安年間(1171～74) か
- 小山田氏
- 京王バス南「扇橋」バス停より徒歩約20分

北条氏の城となった。

城跡には中心となる3つの曲輪があり、その周囲に自然地形に近い外郭が広がる。技巧には乏しいが、地形を活かした素朴かつ古い形態の城だ。

小野路城は西に約1・5キロ離れた小山田城の支城でありつつ、眼下の小野路宿と鎌倉街道を監視することを目的としていたと考えられる。

OYAMADA-JO

小山田城

■ 小山田氏ゆかりの地に築かれた城

虎口

本丸近くに設けられた虎口は、北条氏の城によく見られる縄張である。

POINT

裏山の小山田城跡見学の際は、大泉寺に申し出、入山許可を得ること

大泉寺山門

寺号は小山田有重の法号大仙寺に由来し、有重のために開基したと伝わる。創建は安貞元年(1227)とも。

関東最古の馬出跡と伝わる遺構も

唐木田駅から南へ。左手にゴルフ場のある丘陵を見つつ進むと大泉寺に至る。寺の境内から裏の丘にかけてが、小山田城跡だ。小野路城跡麓にある里山、奈良ばい谷戸の西方にあたる。

大泉寺は、小山田有重の居館跡に建てられたという小山田氏ゆかりの寺で、境内周辺にも土塁が見られる。

小山田氏は坂東八平氏秩父氏の一族で、有重は承安元年（1171）にこの地に城館を築いたという。小山田城の中心部は寺の背後の丘にあるが、立ち入るには寺の許可が必要だ。

城跡は南北約100メートル、東西約170メートル。櫓台状の

本丸（主郭）入口（写真上）と本丸（写真左）

入口は土塁で防御を固めている。現在、本丸跡には羅漢像が並べられている。

土塁と切通し

大泉寺の境内周辺にも土塁が残り、城館跡を実感できる。土塁を切通しからの通路にしている場所もある。

大泉寺本堂

小山田城の中心部は寺の裏山で、長尾景春の乱の際に攻略されている。この本堂の背後が城跡。

写真提供：町田市教育委員会

小山田一号遺跡

大泉寺の西南約1.5kmで検出された武士の館跡。小山田氏の館とも。都指定史跡。

城内最高所の標高は約100メートル。東西に細長い曲輪を堀切で二つに分け、堀切西の曲輪（最高所の北側）が主郭と考えられている。東端と西端の虎口の先に、四角く整形された馬出（うまだし）が設けられている点は注目だ。

もしこれが、山内・扇谷両上杉氏が長尾景春の乱の際に築いた馬出だとすれば、関東最古の可能性がある。

DATA

- 町田市下小山田町
- 承安年間（1171～74）か
- 小山田氏
- 小田急多摩線唐木田駅より徒歩約25分

＊城跡見学を希望される方は、必ず寺務所で許可を取ってください。
＊見学の際は走らず、静かに歩いて見学してください。

沢山城（三輪城）

SAWAYAMA-JO (MIWA-JO)

鶴見川を望む堅牢な築城技術の城

写真提供：日本の城巡り MARO参上 藤江信之

主郭櫓台跡

七面堂の建つ場所が城内最高所で、標高約75m。独立の曲輪とも主郭の一部ともいうが、役割は櫓台だろう。ここから全城域を把握したともいう。

写真提供：日本の城巡り MARO参上 藤江信之

曲輪の土塁

曲輪にはそれぞれ土塁が見られ、各曲輪の周囲を堀が囲む。堀は腰曲輪でもあり、屏風状の屈曲や竪堀を多く用いて、防御力を高めていた。

築城者は不明、北条氏による改修か

鶴川駅より鶴見川を渡って東へ。川を北に望む沢谷戸自然公園の裏の丘が、沢山城跡だ。三輪城ともいう。築城年や築城者は不明だが、北条氏の文書に登場し、戦国時代に北条氏の城であったことは間違いない。城は丘陵の一角にあり、3つの曲輪で構成される。主郭は櫓台を備えていた。各曲輪には土塁があり、曲輪の周囲を腰曲輪が取り巻く。北条氏の築城か、改修なのかはともかく、堅牢な築城技術であり、見応えがある。

DATA

- 町田市三輪町
- 不明
- 北条氏か
- 小田急小田原線鶴川駅より徒歩約15分

殿丸城

TONOMARU-JO

■ 武蔵と相模を結ぶ峠の城伝承地

切通し状の古道

御殿峠には、切通し状の鎌倉街道が残る。人の手の入った堀割状遺構だ。かつてこの道を、北条氏の滝山城を攻める武田軍が通過したとも伝わる。

御殿峠遠望

かつては杉山峠と呼ばれた。町田市と八王子市の境で、御殿山の麓に位置する。交通量の多い新道の他、旧道と鎌倉街道の古道が山中に残る。

現在も残る鎌倉街道の堀割道

八王子日本閣(はちおうじにほんかく)付近の御殿峠(ごてんとうげ)には、武蔵と相模(さがみ)を結ぶ鎌倉街道が山中を走る。また峠の東側高台は殿丸(とのまる)と呼ばれ、城館跡ともいう。アクセスは八王子駅や橋本駅からバスが便利だ。城館については、武蔵七党横山氏の一族、藍原(あいはら)氏のものともいうが、定かではない。城跡の遺構はなく、人の手の入った堀(ほり)割(わり)状の古道が、城の空堀を連想させるのみだ。ただし交通の要衝(ようしょう)であり、見張り台などが設けられていたことは十分考えられるだろう。

DATA

- 町田市相原町
- 不明
- 藍原氏か
- JR八王子駅、またはJR橋本駅よりバス「自然公園」下車

井出ノ沢塁

IDENOSAWA-RUI

街道沿いの古戦場に残る城伝承地

写真提供：菅原神社

菅原神社境内

鳥居奥の参道石段を上り、社殿の建つ場所が二の曲輪にあたるという。主郭はその左手、一段高い場所ともいうが、いずれも確かな裏づけはない。

おんな坂

菅原神社が、高台に鎮座することがわかる（比高約15m）。神社脇を南北に鎌倉街道が走り、街道を見張るため、高台に砦を築いたと想像できる。

©SUYA／PIXTA

写真提供：菅原神社

井出の沢碑

菅原神社境内の左奥に建つ井出の沢碑。横に古戦場の説明板がある。

中先代の乱の井出の沢の戦い

町田駅の北方、鎌倉街道と鶴川街道が合流する地点に菅原神社が鎮座する。ここは井出ノ沢塁と呼ばれる城の跡だという。アクセスは町田駅から徒歩約30分で、バスが便利だ。城の詳細は不明だが、古戦場であるのは確かで、建武2年（1335）、南下する北条時行がここで足利直義を破った。その時、足利勢は街道沿いの高所に拠り、敵を食い止めようとしたのだろう。平時より、鎌倉街道を見張る砦だった可能性もある。

DATA

- 町田市本町田
- 不明
- 不明
- 町田駅よりバス「菅原神社前」下車

成瀬城

NARUSE-JO

恩田川に面する来歴不明の城

写真提供：町田市教育委員会

城山公園内の城跡碑

公園内には、川に近い北側に櫓台跡、中央に井戸跡、南東隅に大手門にあたる大門跡があるという。南側には東西40mの空堀を確認できる。

写真提供：日本の城巡り MARO参上 藤江信之

恩田川沿いの斜面

城跡は恩田川に面する台地先端に築かれていた。公園の南で空堀が発見され、複郭の可能性もあるという。

横山党鳴瀬氏の伝承はあるが……

成瀬駅から北へ。恩田川の手前に城山公園があり、成瀬城跡だという。城の来歴は不明。一帯は鎌倉時代に、武蔵七党横山党の鳴瀬氏が領したというが、城との関係はわからない。城は台地の先端に築かれ、恩田川への谷は深い。また北東を鎌倉街道が走る。周辺の宅地化が進んで、現在目にできる遺構は少ないが、根小屋の旧地名や、武士の経筒の出土例もあり、城館の存在を裏づける。戦国期は、北条氏の支配下だったのだろう。

DATA

- 町田市南成瀬3丁目
- 不明
- 不明
- JR横浜線成瀬駅より徒歩約15分

東京城跡MAP　多摩地域東部

三鷹市

①天神山城 P.76
②島屋敷 P.77
③牟礼砦 P.78

調布市

④伝狛江入道館 P.79
⑤柴崎陣屋 P.79
⑥深大寺城 P.80

府中市

⑦浅野長政屋敷 P.82
⑧高安寺塁 P.83

国立市

⑨谷保の城山 P.84

立川市

⑩伝立川氏館 P.86

稲城市

⑪小沢城 P.87
⑫小沢蔵屋敷 P.88
⑬長沼城 P.89
⑭百村館 P.89
⑮大丸城 P.90

日野市

⑯川辺堀之内城 P.91
⑰高幡城 P.92
⑱伝日奉氏館 P.94
⑲平山城 P.95
⑳平山氏館 P.96
㉑百草城 P.97

多摩市

㉒関戸城 P.98
㉓佐伯屋敷 P.99

町田市

㉔小野路城 P.100
㉕小山田城 P.102
㉖沢山城（三輪城） P.104
㉗殿丸城 P.105
㉘井出ノ沢塁 P.106
㉙成瀬城 P.107

瑞穂町
多摩湖
東村山市
武蔵村山市
東大和市
東久留米
福生市
小平市
拝島駅
立川市
国分寺市
小金井市
昭島市
立川駅
国立駅
西国分寺駅
国分寺駅
国立市
府中市
日野市
府中本町駅
浅川
八王子駅
多摩川
稲城市
八王子市
多摩市
川崎市
麻生区
相模原市
緑区
町田市
相模原市
中央区
横浜市
青葉区
相模原市
南区
10
18
9
8
16
7
20
17
21
22
23
15
13
14
12
19
27
25
24
26
28
29

Column ④

東京を拠点にした氏族

世田谷区慶元寺（喜多見城跡）にある江戸重長像。
写真提供：喜多見ポンポコ会議

東京都は、かつての武蔵国の南部にあたる。徳川家康が江戸に入府するまで、寒村しかなかったイメージがあるが、必ずしもそうではない。鎌倉幕府や室町時代の鎌倉府を支えた武士の氏族の多くが、この地から生まれている。また覇権をめぐり、戦いも繰り返された。ここでは東京を拠点にした主な氏族を紹介しよう。

江戸重長と江戸氏

坂東八平氏と呼ばれる氏族がいる。桓武平氏の平良文を祖とし、坂東（関東）各地で勢力を広げた。その一つ、秩父氏の一族に江戸氏がいる。

秩父重綱の子・重継は武蔵国豊島郡の平川流域江戸郷を本拠とし、江戸氏を名乗った。息子の重長は挙兵した源頼朝と最初は敵対するが、同族葛西氏の説得を受けて味方に転じ、以後、秩父一族の実力者として頼朝に厚遇され、鎌倉幕府の重鎮となった。

南北朝時代は北朝方に与し、新

『肖像集』（国立国会図書館蔵）より秩父武綱の肖像。後三年の役で源義家方の先陣を務めた武将で、江戸氏を称した重継の祖父に当たる。

田義興をだまし討ちにした江戸遠江守（江戸長門）がよく知られる。この件で江戸氏は、評判を落としてしまう。

応安元年（1368）には、秩父一族の棟梁・河越直重が、鎌倉府の上杉憲顕を倒すべく挙兵、江戸氏も加わるが鎮圧され（平一揆の乱）、没落。本領の江戸郷は扇谷上杉氏のものとなり、江戸氏は喜多見へと去った。

豊島泰経と豊島氏

豊島（豊嶋）氏は江戸氏同様、秩父氏庶流だ。武蔵国豊島郡を本拠とし、現在の北区豊島の発祥という。

豊島氏の祖・豊島武常の子・近義は、八幡太郎こと源義家の奥州遠征に従い、帰路、義家が近義の館に寄って、甲冑を下賜したという。源頼朝の挙兵には豊島清元（清光）・清重父子が馳せ参じ、鎌倉御家人となった。清重は、奥州の大族葛西氏の祖だ。南北朝時代は北朝方に与し、庶流の板橋、平塚、宮城、練馬、小具、滝野川氏らを配して、石神井川流域に支配地を拡大。本拠を石神井城に定め、南武蔵の一大勢力となる。

享徳3年（1455）に始まる古河公方足利成氏と関東管領上杉氏の衝突・享徳の乱では、上杉方についた。しかし扇谷上杉氏の勢力が豊島領を脅かし、特に太田道灌が築いた江戸城は、豊島氏にとって目障りとなる。

文明8年（1476）、長尾景春が古河公方と結んで上杉氏に叛くと、豊島泰経は長尾方に与した。これに対し扇谷上杉氏の家宰・太田道灌は、江古田原沼袋において豊島泰経勢を破り、さらに本拠の石神井城を攻略。泰経は平塚城へ退いて消息を絶ち、南武蔵の雄・豊島氏は滅んだ。

千葉自胤と武蔵千葉氏

千葉氏は坂東八平氏の一つで、祖の平良文は平将門の叔父だ。伝承では良文が将門とともに戦って窮地に陥った際、妙見菩薩に救われる。以後、千葉氏は妙見を信仰したという。

千葉郡を本拠とする下総国の千葉氏が、武蔵国と関わるのは、康正元年（1455）に享徳の乱がもたらした一族争いが原因だ。上杉方につく千葉氏当主胤直を、足利方に与する一族の馬加氏が討ったのだ。古河公方は馬加氏を千葉氏当主にした。一方の上杉氏は、胤直の甥に千葉氏を継がせて、

王子神社

石神井川を挟んで飛鳥山の対岸に鎮座。源義家が奥州征伐の際に慰霊祈願を行い、甲冑を納めたとの伝承がある。その後、元亨2年（1322）に豊島氏が紀州熊野三社より王子大神を迎え、再興したという。

東京都北区王子本町1-1-12

©trikehawks/PIXTA

赤塚城

享徳の乱で下総を追われた千葉自胤が康正2年(1456)に入城。自胤は太田道灌に従って各地を転戦し、武蔵千葉氏の基盤を築いたという。

武蔵の赤塚城、石浜城に引き取る。これが武蔵千葉氏と呼ばれる千葉実胤、自胤兄弟だ。ほどなく実胤が隠遁して、弟の自胤が当主となり、太田道灌に協力して江古田原沼袋の戦いで奮戦。また道灌とともに下総に出陣し、境根原合戦で勝利するが、下総を回復するまでには至らなかった。その後、北条氏の武蔵進出に伴い、武蔵千葉氏は北条氏の配下となった。

北条氏と江戸城

戦国時代に関東の覇権を握った北条氏。その本拠は相模小田原城なので、これまでの3氏と異なるが、武蔵支配の拠点としたのが江戸城だった。北条氏と江戸城について見てみよう。

江戸城を拠点に享徳の乱を終息させた太田道灌が、主君の上杉定正に謀殺されると、城は扇谷上杉氏が押さえる。しかし大永4年(1524)、城代の太田資高(道灌の孫)が北条氏に通じ、江戸城は北条が奪った。

北条氏は江戸城を武蔵支配の重要拠点と位置づけ、江戸周辺に所領を持つ家臣を江戸衆として組織する。筆頭が江戸遠山氏の綱景で、城代を務めた。やがて綱景とその息子が第二次国府台合戦で討死すると、城代を北条綱成の子・氏秀が引き継いだ。しかし氏秀とその息子も早世。代わりに江戸城に入ったのは、家督を氏直に譲った「御隠居様」の、北条氏4代氏政だったという。氏政は豊臣秀吉の小田原攻め前まで江戸城にあり、武蔵・房総方面を統治した。

江戸城は小田原攻めの際、豊臣方の浅野長政に開城。そして徳川家康の、江戸入府を迎えることになる。

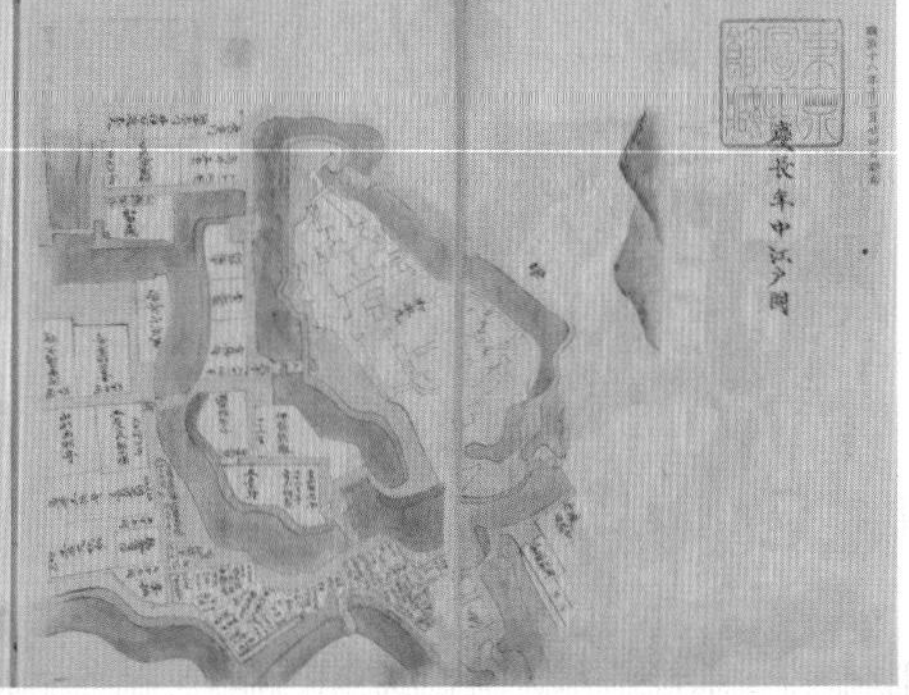

『慶長年間江戸図考』(国立国会図書館蔵)

開幕間もない慶長13年(1608)頃の江戸図とされるが、後世の復元図との見方が有力。喜多見氏となった江戸氏を除き、武蔵国で活躍したほとんどの氏族は近世までに表舞台から消えていった。

第4章

多摩地域の城めぐり

西部編

八王子城跡

©haku/PIXTA

多摩地域西部では戦国時代、北条氏、上杉氏、武田氏という
戦国の大大名たちが領地拡大のための争奪戦を繰り広げていた。
そして戦国時代末期、豊臣秀吉の小田原攻めで北条氏が滅びると、
多くの城がその役割を失い、廃城となった。

HACHIOJI-JO

八王子城

激戦地となった戦国最後の山城

御主殿虎口下の石垣と石段

石垣積みの擁壁に、土塁が積まれている。石段下を曲がると曳橋に至る。

POINT

復元された曳橋と御主殿の桝形虎口付近は必見。全面敷石が圧巻だ

豊臣秀吉の来攻に備えるために築城

高尾駅の西北約3キロ。関東山地の東端、北浅川と城山川に挟まれた、山岳から丘陵へと移る深沢山に、大城郭が築かれていた。八王子城だ。豊臣秀吉の小田原攻めの際、激戦の末に落城した悲話でも知られている。

城主は北条氏4代氏政の弟、氏照。天正14年（1586）末頃、それまでの居城・滝山城から、新造中の八王子城に氏照が本拠を移したのは、秀吉の来攻に備えるためだった。八王子城は、特に甲斐方面からの敵の侵攻に対応していたと考えられている。

城域は、控えめに見ても南北1キロ、東西1・6キロの広大な範囲で、大きく4つの地区に分けられ

©KiRi/PIXTA

御主殿跡

城主北条氏照の居館跡。曲輪内西側に枯山水の庭園を望む客殿、東側に大規模な主殿があったとされる。

御主殿の滝

御主殿南の崖下を流れる城山川の滝。落城の際、城内の女性や子供はここで自刃し、血が川を染めたという。

写真提供：八王子市教育委員会

写真提供：八王子市教育委員会

る。すなわち主郭を中心とする山上の要害地区、氏照の居館があった居館地区、その東側の家臣屋敷のあった根小屋地区、さらに南側の外郭（太鼓曲輪・御霊谷）防御地区だ。中枢部の居館地区の入口では、復元された曳橋、石垣を用いた桝形虎口を見ることができる。居館跡には水路や庭園もあった。

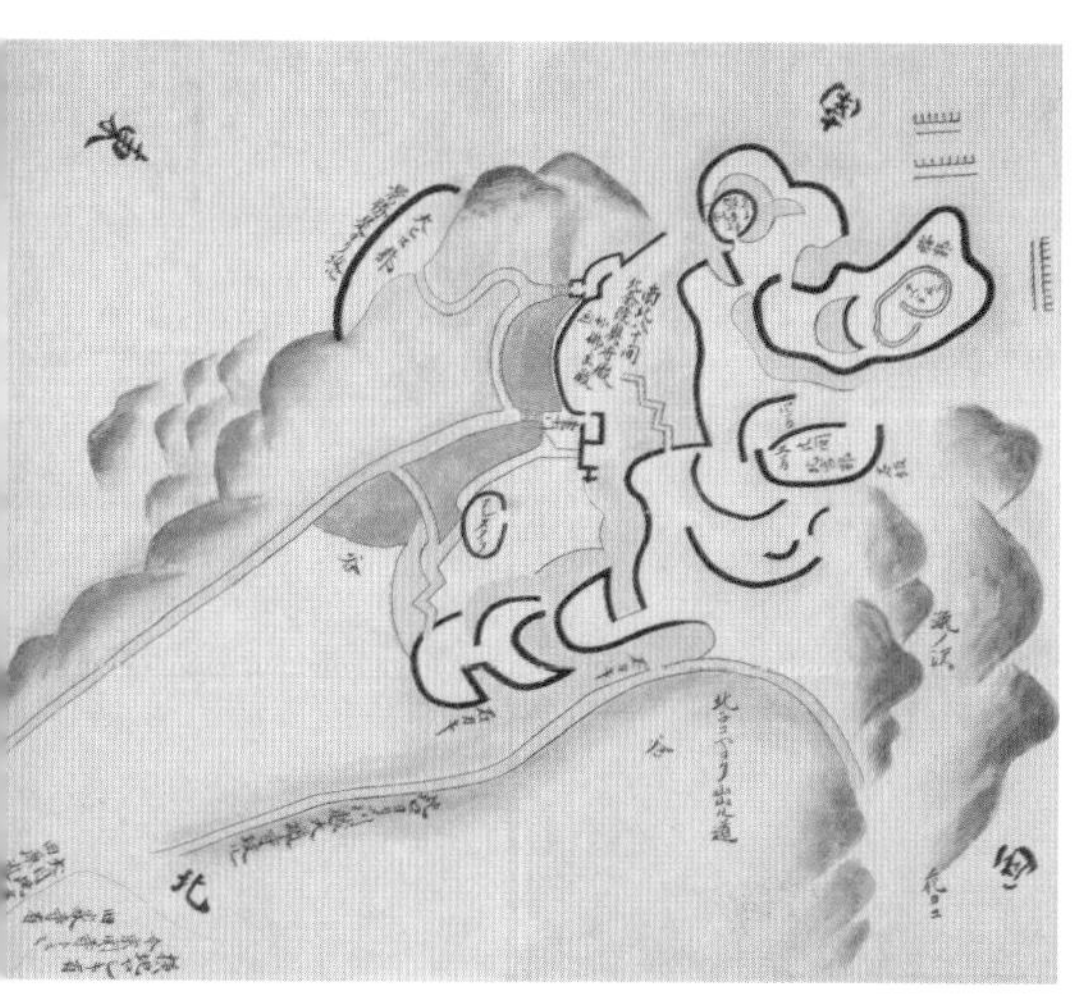

日本古城絵図「武州八王子古城図」
（国立国会図書館蔵）

絵図中央に「南北八十間 北条陸奥守殿御主殿」、左には「天シュ郭　（上杉）景勝是ヨリ攻ル」と記されている。

四段石垣

御主殿北側にある。自然石や割石を用いた石積みで、犬走り状の段築を設けて雛壇状に積み上げている。

金子曲輪

麓から主郭を目指すと、最初に通る大型曲輪。尾根を雛壇状に造成し、敵の侵入を防ぐ工夫が施されている。

POINT

尾根を削平した数々の曲輪群が見所。山城なので、登山の用意が必要

北条氏の築城技法の最終形

主郭をはじめ曲輪群が広がる要害地区へは、管理棟近くの鳥居の建つ登城口から登る。山頂までの道は険しいので、整備された新道がおすすめ。

主郭の標高は約４６０メートルで、登城口からの比高は２２０メートルに及ぶ。金子曲輪、柵門（さくもん）跡を経て、八王子神社の建つ中の曲輪へ。八王子の由来となった神社の東に、松木曲輪がある。神社裏手からは小宮曲輪、主郭に登ることができる。

小ぶりな主郭の西には、大天守と呼ばれる詰（つめ）の城があり、主郭より約20メートル高い。ここから南北両翼に各３００メートルの石塁（せきるい）が続く。また西側の大堀切の深さ

©kazz zzak/PIXTA

©Masa/PIXTA

八王子神社

主郭近くの曲輪に鎮座。北条氏照は八王子権現を、城の守護神とした。

要害への入口

主郭をはじめとする、要害地区への入口。御主殿跡の東、管理棟付近にある。八王子神社の鳥居が建つ。

写真提供：八王子市教育委員会

詰の城（大天守）跡

主郭西側の城内最高所。標高は約478m。ここから南北に石塁が延びる。

©kazz zzak/PIXTA

主郭跡

山頂曲輪ともいう要害地区の中心。広くなく、見張り台的な役割か。

山頂付近からの眺望

空気が澄むと武蔵野北方に筑波山、相模原南方に湘南方面を見渡せる。

写真提供：八王子市教育委員会

は圧倒的だ。これらは北条氏の築城技法の最終形を示すものとされている。

天正18年（1590）6月23日、城主氏照留守中に、豊臣軍別働隊3万が攻め寄せる。城兵は3000で非戦闘員も多い。北条方は奮戦するも及ばず、城は僅か1日で落ちた。

もし十分な兵がいて、城が真価を発揮していたら……そんな想像をしてみたくなる。

DATA

- 八王子市元八王子町3丁目
- 天正12～18年（1584～90）頃
- 北条氏照
- JR高尾駅もしくは京王高尾線高尾駅よりバス「霊園前」下車、徒歩約20分

小田野城

ODANO-JO

■ 真下をトンネルが走る来歴不明の城

腰曲輪

城跡の北側や東側に、腰曲輪を複数確認できる。腰曲輪を重ねて設けることで、防御力を高めている。

POINT

見所は空堀と腰曲輪。真下のトンネルから、遺跡保存の大切さも学べる

八王子城と一体の出城なのか？

八王子城の北東約2・3キロ。都道のトンネル上に城跡がある――小田野城だ。アクセスは高尾駅からバスが便利。

築城年、築城者に関する史料はなく、北条氏の家臣・小田野源太左衛門の屋敷跡があったという説や、八王子城の出城だったという説もある。

城は丘陵の先端にある単郭で、主郭の上部は戦後の土砂の採取で大きく損なわれたが、発掘調査で城跡の遺構が確認され、保存措置が取られた。現在は腰曲輪、土塁、桝形、空堀などを目にすることができる。

城の北西には北浅川が流れ、また川に沿うように走る案下道（陣

©みき/PIXTA

腰曲輪（下から望む）

主郭脇の腰曲輪。腰曲輪に入った敵は、主郭から狙い撃たれるだろう。

©みき/PIXTA

空堀

城跡東側は観栖台公園に面しており、公園の柵の先に空堀が広がる。城跡へは南端の柵の扉を開けて入る。

©みき/PIXTA

枡形状遺構

空堀から上がったところの平場は、枡形状遺構とされる土塁。現状、ややわかりにくいが、主郭の虎口だ。

©みき/PIXTA

馬街道）を押さえる立地だが、単独の城としては、さほど要害堅固ではない。

しかし興味深いことに、城のすぐ西の心源院（武田信玄の娘・松姫ゆかりの寺）の本堂裏から、古い尾根道が向山砦、三又峠を経て、八王子城の柵門（要害地区）に通じているのだ。小田野城はやはり、八王子城と一体の出城として見るべきではないだろうか。

DATA

- 八王子市西寺方町
- 天正15年（1587）頃か
- 小田野氏か
- JR高尾駅もしくは京王高尾線高尾駅よりバス「タウン入口」下車、徒歩約5分

滝山城

TAKIYAMA-JO

都内最大の規模を誇る丘城の傑作

大堀切と木橋

主郭と中の丸（二の曲輪）の間の、大堀切に架かる木橋。かつては曳橋で、大堀切は今以上に深かったという。

中ノ丸付近の堀切

中ノ丸（二の曲輪）の堀切。上から眺めると見事な高低差があることがわかる。

POINT

横堀、桝形虎口、角馬出、横矢掛かりなど北条の築城技法を堪能できる

謙信南下に備え、信玄の猛攻を防ぐ

都内最大の丘城で、原型をよく留める滝山城は、関東屈指の名城、中世城郭の傑作と評されることもある。アクセスは八王子駅よりバスが便利だ。

滝山城は、関東管領山内上杉氏の下で武蔵守護代を務めた大石氏が築いた。その後、大石氏の養子となった北条氏照が大改修を施したという。

城は北東に多摩川を望む加住丘陵の縁に築かれ、30余りの曲輪で構成される。城域は東西約900メートル、南北約1キロ。雄大な横堀が廻り、桝形虎口、角馬出が多用され、土塁、堀、腰曲輪が複雑に展開し、圧巻だ。

また小田原から上野に至る、関

主郭

主郭は上下2段の構成で、虎口はすべて桝形虎口。比高約40mの最高所に、明治時代創建の霞神社が建つ。

伝二ノ丸東側の堀

伝二ノ丸（三の曲輪）は最も防御力が高く、防衛時の要だった。3つの枡形虎口と馬出を備え、堀も深い。

山ノ神曲輪から城下を望む

山ノ神曲輪から大手付近に至る、城の西側曲輪群は、主郭部分を防御する前衛陣地的な役割だという。

山ノ神曲輪への道

城内最西北端の山ノ神曲輪付近の最高所は、主郭よりも数m高い。

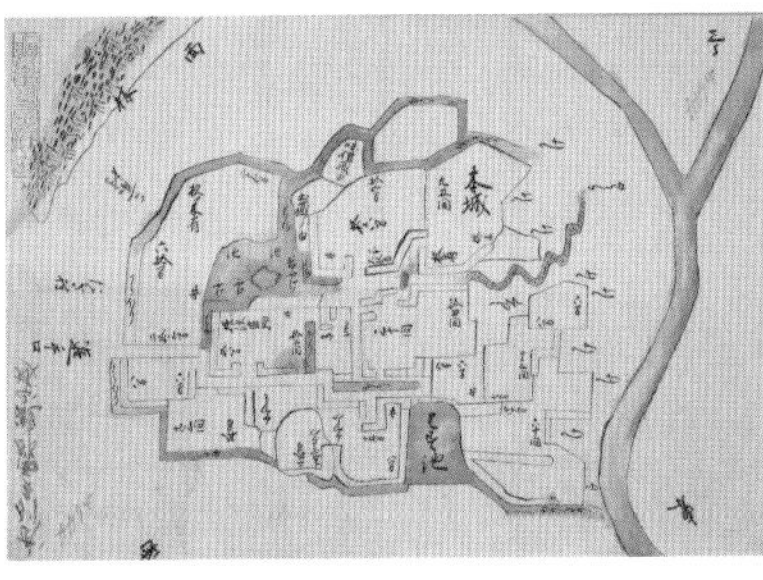

日本古城絵図「武州多西郡滝山城」
（国立国会図書館蔵）

絵図は旧鳥羽藩主稲垣家が集めたもの。城内の2つの池、また主郭（本城）の2段の構成などが描かれている。

東西端の山麓沿いに走る街道を押さえ、上杉謙信の関東進出を阻む城でもあった。永禄12年（1569）には、武田信玄の猛攻を見事に防いでいる。その後、謙信が没すると、上野方面よりも西方への備えが北条氏の急務となり、氏照は本拠を約8キロ南西の八王子城に移した。最前線の変化により戦を免れたことで、滝山城は保存された、ともいえる。

DATA

- 八王子市高月町、加住町1丁目、舟木町1～2丁目
- 永禄～天正年間（1558～92）
- 北条氏照
- JR八王子駅、京王八王子駅よりバス「滝山城址下」下車

高月城

TAKATSUKI-JO

■ 滝山城移転前の大石氏の居城

登城口付近の切通し

城跡北側にある切通し。登城口になっており、入口に案内板が立つ。途中、私有地もあるので、見学には注意を。

主郭

最高所の主郭は南北約90m、東西約130mの規模で、南と東に土塁がある。

土塁上の道

二の曲輪付近にある土塁。複数の曲輪を経て主郭へと至る。

秋川と断崖に守られた要害

滝山城の北西約1・5キロにある高月城は、武蔵守護代を務めた大石氏が、滝山城に移るまでの居城だった。多摩川との合流点近く、屈曲する秋川に突き出す加住(かすみ)丘陵の先端に築城。西側は断崖、南東の丘陵とは細い尾根でつながる要害で、城の東を古道が走る。

標高153メートルの最高所に主郭、その北側に二の曲輪、三の曲輪が並ぶ。南東斜面にも複数の曲輪や削平地があり、主郭の南には馬出と大きな堀切が残る。

DATA

- 八王子市高月町
- 長禄2年(1458)頃か
- 大石氏
- JR青梅線拝島駅よりバス「高月」下車

浄福寺城

JOFUKUJI-JO

■交通の要衝をにらむ実戦的な山城

©みき/PIXTA

主郭の祠

山頂の主郭は麓の浄福寺からの比高が約160mで、広くはない。一段高い場所に、金毘羅宮が祀られている。

写真提供：城郭放浪記

北尾根の堀切

尾根の先端に堡塁状の曲輪を設け、堀切や畝状竪堀を用いて敵の進路を徹底的に阻む工夫だ。見応えあり。

POINT
尾根に展開する曲輪と堀切、竪堀が見所。冬期の方が確認しやすい

八王子城の搦手（からめて）の守りの城か？

小田野城跡から西へ徒歩約15分。古刹浄福寺の裏山に浄福寺城がある。大石氏の築城と伝わる山城だ。一説に、北条氏照に家督を譲った大石憲重（のりしげ）が、滝山城から移ったとも。標高約356メートルの山頂に主郭を置き、四方に延びる痩せ尾根を掘り切って、小型の曲輪を段状に設けている。実戦的な縄張から、八王子城の搦手（からめて）（※）を守る城だった可能性も高い。南は北浅川に沿って案下（あんげ）道が走り、東で鎌倉街道と交差する要衝だ。

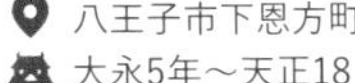

DATA
- 八王子市下恩方町
- 大永5年～天正18年（1528～90）頃
- 大石氏
- JR中央線八王子駅よりバス「大久保」下車

※搦手…城や砦の裏門、または陣地の後ろ側のこと。

片倉城

KATAKURA-JO

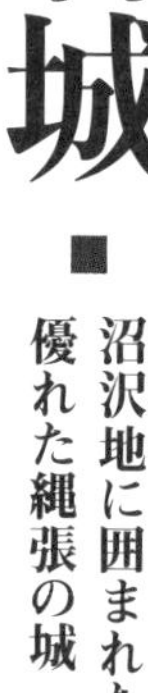

沼沢地に囲まれた優れた縄張の城

©ジョー/PIXTA

主郭と二の曲輪間の空堀

主郭と二の曲輪を分ける空堀は、幅約20m。かつてはもっと深かった。橋を守るため、堀は鉤の手の形状だった。

©きり/PIXTA

住吉神社

長井氏が城の守護神として、摂津の住吉大社を勧請したという。鎮座する場所は腰曲輪ではなく、横堀跡だ。

POINT

横堀、櫓台、角馬出、独立した堡塁など北条の築城技法を堪能できる

大江広元子孫の長井氏の築城か

片倉駅から西へ。かつて古川越道であった国道16号を越えるとすぐ、片倉城跡公園に至る。優れた縄張の城として知られる、片倉城跡だ。応永年間（1394〜1428）頃、長井氏の築城とされる。

長井氏は鎌倉幕府の重臣・大江広元の子孫で、長井氏が城内に建てた住吉神社には、あの毛利元就と同じ一文字三星の家紋が見られる。その後、大石氏を経て、北条氏の手で大幅な改修が施されたようだ。

城は小比企丘陵東端にあり、南北を2つの川に挟まれ、台地続きの西側以外の3方向は沼沢地に囲まれていた。舌状台地を堀切で東西に分け、東端を主郭、西を二

©きり/PIXTA

二の曲輪

東西約90m、南北約120mで、主郭の4倍の広さだ。主郭と二の曲輪の配置は、深大寺城にも似ている。

©KiRi/PIXTA

出丸（休憩広場）

二の曲輪の北側、堀を挟んだ先に突出する出丸は、櫓台の跡とされる。

©きり/PIXTA

奥の沢

二の曲輪西北、空堀の外にある。湯殿川と兵衛川に南北を挟まれた城の周囲が、沼沢地だったことを示す。

©miiko/PIXTA

主郭

台地先端にあり、東西、南北とも約50m。主郭、二の曲輪ともに周囲を堀と土塁が廻り、北端に櫓台がある。

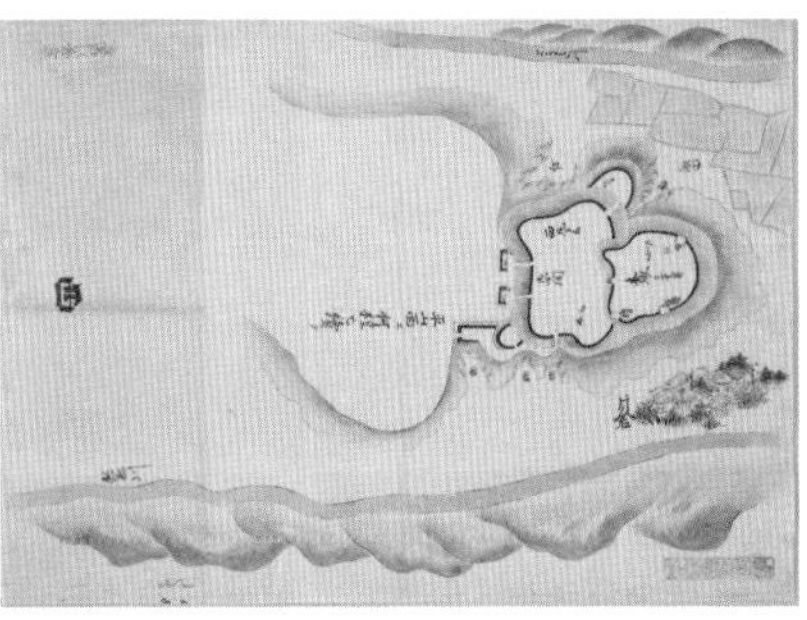

日本古城絵図「武州片倉古城」
（国立国会図書館蔵）

南北を川に挟まれ、周囲は西を除いて湿地。二の曲輪は、西に2つの角馬出を備えていたように描かれている。

の曲輪とし、二の曲輪南側の虎口には、横矢掛かりや角馬出などの防御設備が確認できる。両曲輪の周囲を横堀が廻り、北端に櫓台を備えた。また二の曲輪南西に堀に囲まれた小曲輪があり、独立した堡塁と思われるなど、高度な築城技術が随所に見られる。片倉城は北条氏の出城として、東の川越道を押さえたのだろう。

DATA

- 八王子市片倉町
- 応永年間（1394〜1428）頃か
- 長井氏、大石氏、北条氏
- JR横浜線片倉駅より徒歩約10分
- 史 都指定史跡

伝大江氏館

OESHI-YAKATA

禅宗寺院に残る館跡の伝承

山田(やまだ)駅から北西へ。山田川(やまだがわ)を渡ると、古刹廣園寺(こうおんじ)に至る。この地には、大江氏館跡の伝承があるという。根拠は『新編武蔵国風土記稿』中の「大江氏居蹟(きょせき) 廣園寺の大門さき」の記述で、他に史料も遺構もない。寺は康応(こうおう)2年(1390)に大江備中守師親(びっちゅうのかみもろちか)が創建したというが、当時、この地を領したのは大江広元から分かれた長井氏であり、詳細はわからない。

廣園寺勅使門

天保(てんぽう)元年(1830)築。切妻造りの四脚門で、造作に菊の御紋(写真下)を彫り込み、勅使門としての風格を具えている。東京都重要文化財。

写真提供：廣園寺

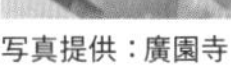

DATA

- 八王子市山田町
- 不明
- 大江氏か
- 京王高尾線山田駅より徒歩約7分

出羽山砦

DEWAYAMA-TORIDE

近藤助実の屋敷か、臨時の砦か

八王子城籠城戦で討死した近藤出羽守助実(こんどうでわのかみすけざね)の砦跡の伝承地が、出羽山公園だ。高尾駅から徒歩30分ほどだが、西八王子駅からバスが便利。近藤の砦の根拠は「近藤出羽守が旧跡」という『風土記稿』の記述だが、公園には遺構がある。西側の曲輪的な平坦地に虎口が2ヵ所、東側に堀切と虎口が確認できるのだ。戦(いくさ)の際の臨時砦だった可能性もある。

出羽山公園

公園内最高所付近の高まり。土塁のようにも見えるが、判然としない。しかし公園内には、虎口、堀切と思われる遺構が数ヵ所、確認できる。

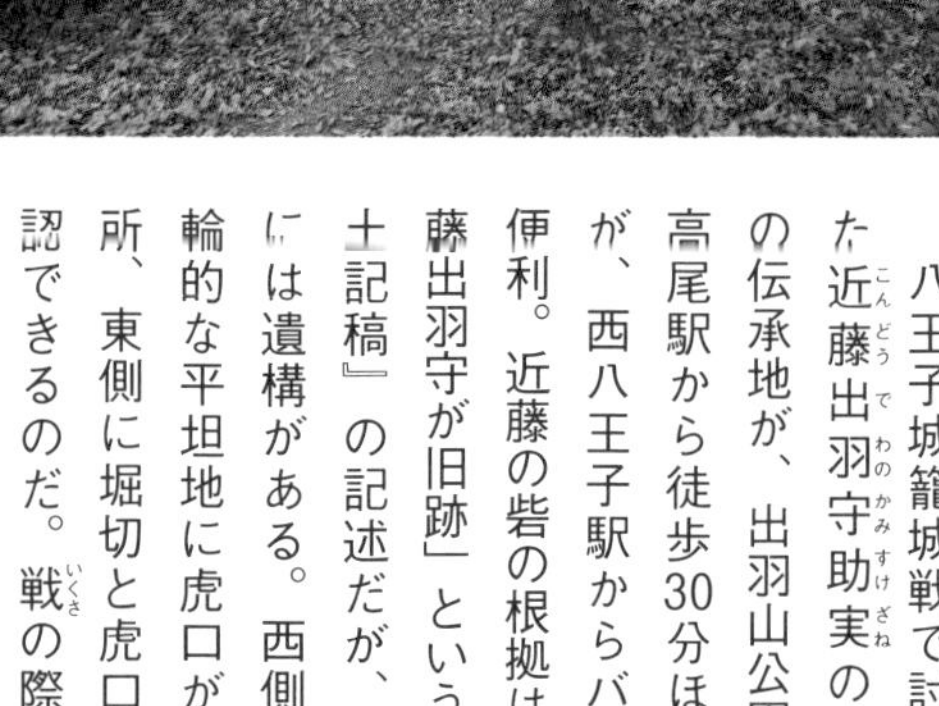

DATA

- 八王子市城山手1丁目
- 不明
- 近藤出羽守助実か
- JR西八王子駅よりバス「城山手」下車

廿里砦

TODORI-TORIDE

旧甲州道を押さえた野戦陣地

高尾駅の西北に見える丘に、廿里砦があった。南側を甲州街道が走る。現在、立ち入りは制限されているが、多摩森林科学園内を見学できる。

永禄12年（1569）、武田信玄の侵攻の際、旧甲州道を押さえる廿里砦でも合戦が起きた。北条方は丘陵にほとんど手を加えず、山中の白山宮背後の山頂部に指揮所を置き、敵を迎え撃った。まさに野戦陣地だ。

©ジョー/PIXTA

▲廿里古戦場碑

廿里砦遠望▶

小仏峠越えで侵入した小山田信茂率いる武田軍別働隊を、廿里砦の横地監物、中山勘解由らが迎え撃つが、信茂の巧みな用兵の前に敗れた。

DATA

- 八王子市廿里町
- 不明
- 北条氏
- JR、京王線高尾駅より徒歩約10分

伝梶原氏館

KAJIWARASHI-YAKATA

鎌倉御家人 梶原景時の館伝承地

出羽山公園から城山川、中央道を越えて直進すると、ほどなく城山小学校に至る。この元八王子町の城山小学校から、その南西200メートルほどの場所に鎮座する梶原八幡神社にかけての一帯が、鎌倉御家人・梶原景時の館跡とされる。しかし明確な裏づけはなく、景時が創建したという八幡神社の由来に、つながりを見いだすのみだ。

©みき/PIXTA

写真提供：城山小学校

▲梶原八幡神社の梶原杉

城山小学校▶

城山小学校、梶原八幡神社ともに遺構は確認されていない。梶原杉は、梶原景時が神社の勧請奉祀の際に杉の杖を突いたところ芽吹いたものと伝わる。1972年に枯れてしまい、現在は根株が残る。

DATA

- 八王子市元八王子町
- 不明
- 梶原氏か
- JR高尾駅よりバス「鍛冶屋敷」下車

※長尾景春の乱…関東管領上杉氏の有力家臣・長尾景春による反乱。

初沢城
HATSUZAWA-JO

長尾景春の乱にも登場する山城

高尾駅から南へ。西に初沢川が流れる小高い山に、初沢城跡がある。鎌倉時代に横山党の椚田氏が山麓に館を構え、その後、長井氏が城を築いたともいう。長尾景春の乱（※）の折、山内上杉顕定が初沢城の防備を固めるように命じた書状も残る。山頂に主郭部曲輪群、周辺尾根に堀切、竪堀、腰曲輪を構え、北東麓神社付近も曲輪だった可能性がある。

©haku/PIXTA

▲城跡遠望

本丸跡▶

高尾駅からも城跡が望める。標高294m、北麓からの比高115mの山頂部に主郭、二の曲輪、三の曲輪があり、山麓にかけて遺構を確認できる。

DATA

- 八王子市初沢町、狭間町
- 不明
- 椚田氏、長井氏か
- JR、京王線高尾駅より徒歩約10分

由木城
YUGI-JO

大石定久ゆかりの寺に残る伝承地

京王堀之内駅の北西、多摩丘陵の一角にある永林寺は、由木城跡だという。横山党の由木氏が館を築いたと伝わる。その後、山内上杉氏の重臣・大石定久が館を構え、館跡に永林寺が建立された。現在、遺構はないとされるが、墓地の裏山に、城跡を思わせるような形状が見られ、墓地には定久の墓もある。

©みき/PIXTA

▲境内の城跡碑

堀跡のような地形▶

永林寺開山の僧・一種長純は大石定久の叔父で、滝山城に移る定久より館跡を譲られ寺を建立したという。墓地裏山に城跡碑と定久の銅像が建つ。

DATA

- 八王子市下柚木
- 不明
- 由木氏、大石氏
- 京王相模原線京王堀之内駅下車、徒歩約20分

©みき/PIXTA

松木屋敷
MATSUGI-YASHIKI

▲松木七郎の宝篋印塔
浅間神社▶

宝篋印塔には、永和2年(1376)丙辰と刻まれていたという。七郎は鎌倉公方足利持氏に仕えたというが、持氏誕生前に没していたことになる。

発掘調査で見つかった中世の居館

京王堀之内駅から西へ。住宅街の小さな丘に浅間神社が鎮座する。この地は松木七郎の屋敷跡だという。松木七郎師澄は、鎌倉公方足利持氏に仕えたというが、彼の墓とされる宝篋印塔の没年と年代的に合わない。

しかし発掘調査で、この地から中世の居館跡と思われる遺構が検出されている。松木七郎の詳細は不明だが、地元の有力者の館跡だったようだ。

DATA

- 八王子市松木
- 不明
- 松木氏
- JR、京王相模原線京王堀之内駅より徒歩約10分

村山城
MURAYAMA-JO

福正寺

村山城跡に建つという古刹。往時は城跡の周囲を堀と土塁が廻っていたというが、今は確認できない。南の玉林寺公園に村山土佐守の像が建つ。

写真提供：けんちの苑みずほ

村山土佐守義光の館跡伝承地

箱根ヶ崎駅の東。北から残堀川に張り出す狭山丘陵上に古刹福正寺が建つ。この地は村山氏の館跡とされ、殿ヶ谷という地名も伝わる。

村山氏は武蔵七党村山党の一族で、戦国時代には村山土佐守義光が北条氏に仕えて、運命をともにした。現在、福正寺に遺構はないが、義光の位牌や一族の墓地が寺に残り、地形とともに城の存在を伝えている。

DATA

- 西多摩郡瑞穂町殿ヶ谷、石畑
- 不明
- 村山土佐守義光
- JR八高線箱根ヶ崎駅より徒歩約25分

根小屋城

NEGOYA-JO

■北条氏が配した秋川城郭群の一つ

根小屋城跡

別名戸吹城、二城城とも。城跡は険しい上、砂礫層の崩壊が進んでおり、立ち入り禁止の場所もある。見学には危険を伴うので慎重に。

写真提供：kanetuguのブログ

南曲輪と空堀

右側の平坦地が南曲輪で、左側が防御のために掘られた空堀。

武田軍の侵攻に備えた急崖に囲まれた城

秋川駅から南へ。東京サマーランド南側の加住北丘陵に城跡がある。根小屋城（戸吹城）だ。大石氏が築き、その後、北条氏が支配したとされる。

北条氏照は浅間道（旧甲州道）からの武田軍侵攻に備え、秋川沿いに5城を配したという。西から檜原城、戸倉城、網代城、根小屋城、高月城。これらは滝山城を守る盾として築かれた。根小屋城の主郭は尾根の北端で、三方が急崖になっている。

DATA

- あきる野市上代継、八王子市戸吹町
- 不明
- 大石氏
- JR五日市線秋川駅下車、登城口まで徒歩約25分

網代城

AJIRO–JO

■浅間道を監視する
秋川沿いの山城

©みき/PIXTA

主郭跡

山頂部にある楕円形の曲輪が主郭で、標高330m、比高160m。広くはない。なお、他に明確な曲輪はない。

©Ran/PIXTA

登城口の鳥居

貴志嶋（きしじま）神社の鳥居で、登城口の一つ。神社は城山の東隣の弁天山中腹にあり、弁天山頂上は眺望がよい。

POINT

山城の魅力に加え、街道を押さえた立地、他城との連携も想像できる

中継地点の役割を担（にな）った城か

武蔵増戸（ますこ）駅から南へ。五日市（いつかいち）街道、秋川を越えた先に網代城がある。根小屋城同様、秋川沿いの山城だ。網代城は地元の青木（あおき）氏、貴志（きし）氏らが築いたといわれ、その後、北条氏の支配下に入った。城は山頂に主郭を置き、そこから延びる尾根を堀切や竪堀で遮断するが、総じて大きな加工は見られない。このことから戦闘拠点というよりも、浅間道を監視し、狼煙（のろし）などで連絡を取る、中継地点の役割の城ではないかと考えられる。

DATA

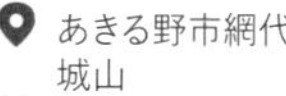

- あきる野市網代城山
- 不明
- 不明
- JR五日市線武蔵増戸駅より登城口まで徒歩約30分

戸倉城

TOKURA-JO

秋川渓谷（けいこく）にそびえる「最要害」の城

©みき/PIXTA

山頂の主郭

標高434m、北麓からの比高215m。山頂の主郭は狭く、削平も不十分だ。

写真提供：城郭放浪記

二の曲輪西南の削平地

尾根を削った小曲輪は多数確認できる。また要所は、堀切や竪堀で守った。

山頂からの眺望

眺望は抜群で、東の五日市から拝島方面を、手に取るように見渡せる。

©みき/PIXTA

北条氏修築の本格的山城

武蔵五日市（いつかいち）駅から檜原（ひのはら）街道を西に進むと、秋川渓谷（あきがわけいこく）入口付近にピラミッド状の山が見えてくる。「最要害の地」といわれた戸倉城跡だ。戸倉城は、国衆（くにしゅう）の小宮（こみや）氏の居城だった。小宮氏は山内上杉氏、次いで北条氏に従うが没落。隠居した大石定久（おおいしさだひさ）が城に入ったともいうが定かでない。戸倉城は秋川が囲む本格的山城で、山頂を主郭にし、西の尾根に曲輪群が展開する。堀切、竪堀、桝形虎口も確認でき、北条氏による修築だろう。

DATA

- あきる野市西戸倉城山
- 15世紀頃か
- 小宮氏
- JR五日市線武蔵五日市駅より登城口まで徒歩約40分、もしくは武蔵五日市駅よりバス「戸倉」下車

今井城

IMAI-JO

■小規模ながら技巧的縄張の城

写真提供：城郭放浪記

空堀

3つの曲輪の周囲は、横堀が廻る。主郭から二の曲輪へは、2度堀を渡る。

写真提供：青梅市教育委員会

堀切

城跡入り口を入るとすぐに現れる。深さ2m、幅5mほど。

主郭

主郭は台地先端にあり、おおよそ方形。東側は崖面だが、その他の3方向には土塁と横堀が廻る。

©みき/PIXTA

北武蔵へと至る街道を押さえる

眼下に霞川（かすみがわ）を望む舌状（ぜつじょう）台地上の今井城跡は、技巧的縄張で知られる。土豪今井氏の館跡と伝わるが、主郭内で壊された墓所が見つかり、別の勢力によって修築された城のようだ。台地先端に主郭、西に二の曲輪、北に東西に細長く三の曲輪を配し、空堀が廻（めぐ）る。二の曲輪虎口は横矢掛かりで三の曲輪虎口の敵をねらい、小規模ながら技巧的縄張と評される。南側を走る、勝沼（かつぬま）、毛呂（もろ）、鉢形（はちがた）へと至る街道を、今井城は押さえていた。

DATA

- 青梅市今井1丁目
- 大永2年（1522）以降か
- 今井氏か
- JR青梅線河辺駅よりバス「金子橋」下車、徒歩約5分

勝沼城

KATSUNUMA-JO

■ 将門（まさかど）の後裔（こうえい）三田（みた）氏の居城

横堀

二の曲輪下の横堀。3つの曲輪すべてを横堀が廻って、防御している。

写真提供：城郭放浪記

©ペイレスイメージズ 2/PIXTA

光明寺（こうみょうじ）

光明寺、妙光院の裏山が城跡。裏山を目指すには光明寺からが行きやすい。

主郭南から城下を望む

南麓からの比高30mだが眺望はよい。

写真提供：城郭放浪記

三田氏滅亡後、北条氏が改修か

東青梅（ひがしおうめ）駅から北へ。霞川（かすみがわ）を越えた先の丘に、勝沼城跡がある。平将門の後裔を称する、三田氏の城だ。三田氏は山内上杉氏に従う一方、京都の公家と交流する文化人でもあった。上杉謙信（けんしん）の出馬に従った後、北条氏に攻められて滅ぼされる。勝沼城の中心は東西に並ぶ3つの曲輪で、周囲を横堀で囲み、腰曲輪、竪堀も用いた。土橋を伴う虎口は横矢掛かりで、馬出も確認できる。北条氏による改修が行われたのだろう。

DATA

- 青梅市東青梅6丁目
- 15世紀後半～永禄年間
- 三田氏
- JR青梅線東青梅駅より徒歩約10分

辛垣城

KARAKAI-JO

■三田氏が終焉を迎えた山城

主郭を下から望む
山頂の主郭は標高457m、南麓からの比高220m。南北70m、東西40m。

©みき/PIXTA

©hiroshi/PIXTA

海禅寺山門
三田氏菩提寺。辛垣城落城の際、兵火に遭う。三田一族の墓所がある。

堀切
尾根には随所に堀切や竪堀を用いて、敵の進路を遮断している。

DATA

- 青梅市二俣尾4丁目、成木8丁目
- 永禄元年（1558）頃か
- 三田綱秀
- JR青梅線二俣尾駅下車、主郭まで徒歩約45分

遺構はあるが、採掘による変形も

青梅線の軍畑駅付近は、三田氏と北条氏の激戦地だ。辛垣城へは、隣駅の二俣尾駅から東に向かう。

辛垣城は、勝沼城から移った三田氏の本拠であり、居館の西城は二俣尾駅南西の、多摩川東岸にあった。永禄6年（1563）頃、北条氏の侵攻で落城、三田氏は滅んでいる。城は雷電山からの尾根に築かれた山城で、主郭から四方の尾根に腰曲輪、堀切、竪堀が残る。しかし江戸時代以来の石灰採掘で変形が著しい。

館の城

TATE NO-SIRO

辛垣城の東を守った出城

空堀跡

曲輪北を東西に掘り切り、背後の尾根から切り離す。中央に土橋と虎口があり、虎口西側土塁は横矢掛かりだった。

明白院の山門

館の沢の、田辺清右衛門邸の表門を移築したものだという。安土桃山時代の様式で、市重要文化財指定。

青梅街道を監視する役割を担った城か？

宮ノ平駅から青梅線沿いに東へ。住宅地背後の山林に、館（盾）の城がある。辛垣城の南東に位置し、出城ともいう。詳細は不明だが、三田氏滅亡後、北条氏に従った武田旧臣の田辺清右衛門が移り住んだとも伝わる。城は矢倉台の峰から続く台地の先端部、多摩川北岸の傾斜地に築かれ、南北30メートル、東西40メートルほどの曲輪を、堀と土塁で尾根から切り離したもの。砦として、青梅街道を監視する役割だったと思われる。

DATA

- 青梅市日向和田1丁目
- 不明
- 田辺清右衛門か
- JR青梅線宮ノ平駅より徒歩約7分

藤橋城

FUJIHASHI-JO

■ 二つの街道を押さえた平山氏の城

写真提供：城郭放浪記

北側の土塁

主郭は全周に土塁が廻り、北から西は外側に空堀も廻る。主郭土塁の北西隅と南西隅は一段高く、櫓台だ。

©みき/PIXTA

主郭の杣保神社跡碑

一説に元亀・天正（1570～93）の頃、城主の平山越前守重吉が、城内鎮護のために祀ったという。

主郭のみでなく、三の曲輪まであった

勝沼城の北東約2・5キロに、藤橋城がある。武蔵七党の西党平山氏の城で、戦国の頃は三田氏に従っていた。城は霞川の東、低地に張り出す台地上で、城の北は低湿地。現在、主郭は公園だが、南西の住宅地が二の曲輪、東北の長方形の台地が三の曲輪だ。東から南側は道路拡幅で失われたが、主郭は土塁と空堀が廻り、さらに外側にも二の曲輪北面にかけて空堀がある。東で交差する岩蔵、豊岡の両街道を押さえたのだろう。

DATA

- 青梅市藤橋2丁目
- 不明
- 平山氏か
- JR青梅線河辺駅よりバス「藤橋」下車、徒歩約5分

御嶽城

MITAKE-JO

山岳信仰の霊場に築かれた山城

写真提供：青梅市観光協会

御岳山空撮

御嶽神社は山岳信仰の霊場として、古くから尊崇された。御岳山は標高929m、山麓からの比高700mに及ぶ。

写真提供：NPO法人 滝山城跡群・自然と歴史を守る会

堀切跡

左が武蔵御嶽神社方面、右が大塚山方面。

堀切跡

ビジターセンター裏の堀切跡。付近には曲輪群、竪堀も確認でき、社域全体が城跡でもあることを実感できる。

写真提供：NPO法人 滝山城跡群・自然と歴史を守る会

甲武国境を守る霊場にして要衝

古来、関東一円より尊崇され、日本狼の神様を祀ることでも有名な武蔵御嶽神社。高峰に鎮座する神社の社域は、御嶽城跡でもある。築城に関する来歴は不明だが、応永年間に関東管領上杉憲基が、社家の協力を得て布陣し、北条氏照も配下に御嶽御番を命じ守らせている。御嶽城は、甲武国境の要衝だったのだろう。主郭は社殿の建つ山上で、主郭や集落から延びる尾根に、曲輪、堀切、竪堀、桝形虎口などを確認できる。

DATA

- 青梅市御岳山
- 不明
- 不明
- JR青梅線御岳駅よりバス「ケーブル下」下車、徒歩約90分。ケーブルカー利用が便利

檜原城

HINOHARA-JO

■ 東京都内最奥部に築かれた山城

写真提供：城郭放浪記

檜原城遠望

標高453m、山麓からの比高185m。麓の本宿を走る古甲州道をにらむ。

堀切跡

南尾根の堀切。竪堀と堀切を多用し、敵の侵攻を北側からに限定した。

写真提供：城郭放浪記

主郭部を下から望む

城内最高所だが、非常に狭い。中央の広い曲輪を主郭とする説もある。

東斜面に残る長大な竪堀は必見

檜原村役場の前、秋川と南秋川の合流地点の山上に、檜原城跡がある。平山氏の築城と伝わるが、その後、北条氏主導の改修も行われたようだ。麓を古甲州道が走り、甲武国境の檜原城は、北条氏にとって対武田の最前線で、小田原攻めの際に落城し、守将の平山氏重、新左衛門親子は自刃したという。城は南端の最高所を主郭とし、北に延びる尾根上に複数の曲輪を配する。東斜面の長大な竪堀は圧巻だ。

DATA

- 檜原村本宿
- 16世紀後半～天正18年（1590）
- 平山氏
- JR五日市線武蔵五日市駅よりバス「本宿役場前」下車、主郭まで徒歩約30分

飯能市
狭山市
青梅市
入間市
所沢市
青梅駅
瑞穂町
羽村市
多摩湖
東村山市
武蔵村山市
東大和市
福生市
小平市
拝島駅
秋川
立川市
昭島市
国分寺市
立川駅
国立駅
西国分寺駅
国分寺駅
国立市
八王子市
府中市
日野市
八王子駅
浅川
多摩川
高尾駅
多摩市
稲城市
相模原市
緑区
町田市
相模原市
中央区
2
3
4
6
7
8
9
10
11
12
13
14
15
18
19
22

八王子市

①八王子城 …… P.114
②小田野城 …… P.118
③滝山城 …… P.120
④高月城 …… P.122
⑤浄福寺城 …… P.123
⑥片倉城 …… P.124
⑦伝大江氏館 …… P.126
⑧出羽山砦 …… P.126
⑨廿里砦 …… P.127
⑩伝梶原氏館 …… P.127
⑪初沢城 …… P.128
⑫由木城 …… P.128
⑬松木屋敷 …… P.129

瑞穂町

⑭村山城 …… P.129

あきる野市

⑮根小屋城 …… P.130
⑯網代城 …… P.131
⑰戸倉城 …… P.132

青梅市

⑱今井城 …… P.133
⑲勝沼城 …… P.134
⑳辛垣城 …… P.135
㉑館の城 …… P.136
㉒藤橋城 …… P.137
㉓御嶽城 …… P.138

檜原村

㉔檜原城 …… P.139

Column ⑤

多摩に残る平将門伝説

平安時代、東国の独立を掲げ討伐された武将、平将門は逆臣のレッテルを貼られる一方、東国武士にとっては英雄でもあった。東京都内でも江戸城前の首塚をはじめ、23区内に多くの伝説がある。多摩地域ではより英雄性が強まり、内容も多彩になるようだ。いくつか紹介しよう。

青梅という地名

「我が願い成就するなら栄えよ。叶わぬならば枯れよ」。将門が誓って一枝の梅を地に差すと、梅は新芽を出し、繁茂した。喜んだ将門がその地に建立したのが天ヶ瀬の金剛寺で、梅の実がいつまでも熟さず、青いままなので、青梅という地名になったという。

将門の子孫

武蔵国杣保（青梅市付近）を本拠とする国衆三田氏が、将門の後裔を称することはすでに紹介した。三田氏の供養塔がある辛垣城麓の海禅寺は、将門が結んだ庵室が始まりともいう。また将門の子孫を称する氏族は相馬氏、千葉氏が有名だが、武蔵に勢力を誇った秩父氏も将門の女系子孫だ。一族には豊島氏、江戸氏、葛西氏、河越氏、小山田氏、稲毛氏、渋谷氏、蒲田氏らがいる。

奥多摩の城

奥多摩町氷川から境にかけて、将門の城があったという。付近には白丸（城丸）、木戸口、三ノ木戸、尾崎の柵、遠見の城などの地名や伝承がある。また同町峰畑の将門神社の棟札には「平親王平将門神霊鶏明神崇之」とあり、将門を夜明けの神、世直しの神として祀った（現在は移転）。

芳年武者无類「相模次郎平将門」
（国立国会図書館蔵）
馬上、一撃で敵の太刀をへし折り、横転させる将門。躍動感のある構図だ。

写真提供：青梅市観光協会

金剛寺の将門誓いの梅
将門が一枝の梅を差し、大願成就の可否を問うと、梅は繁茂したという。

終章

東京近郊の名城めぐり

金山城

現在、東京都内には中世の遺構を伝える城跡は多くはない。
しかし、一歩東京から足を踏み出すと、
当時の面影を色濃く残す中世・近世の城郭に出合うことができる。
関東各県の中世の歴史をひもときながら、見応えある遺構を伝える名城をめぐる。

埼玉県の名城

豊臣軍の水攻めに屈しなかった忍城。日本三大夜戦の舞台、河越城。そして傑作と称される杉山城。埼玉県の城に迫る。

忍城御三階櫓

©yu/PIXTA

忍城

「忍の浮城」と称された水城。小田原攻めの折、石田三成に水攻めされるも落城せず、小田原城降伏まで唯一戦い続けた。関東7名城の一つ。

忍城土塁跡

©skipinof/PIXTA

DATA

- 行田市本丸
- 15世紀後半～
- 成田氏、松平氏、阿部氏、奥平氏
- 秩父鉄道行田市駅よりバス「行田市役所前」下車

多彩な来歴を持つ城の数々

東京都の南武蔵に対し、埼玉県は北武蔵と呼ばれる。武蔵国西部に勢力を広げた秩父平氏の、畠山氏や河越氏は、埼玉県に本領があった。

室町から戦国にかけて、山内、扇谷両上杉氏が勢力を競い、山内は鉢形城、扇谷は河越城を本拠とする。「中世城館の教科書」と称される杉山城も、その頃に築かれた。また両上杉氏と北条氏が河越城をめぐって争い、北条氏が勝利。武蔵松山城は、北条氏と武

本丸御殿

©tarousite/PIXTA

川越（河越）城

扇谷上杉氏の本拠地として、太田道灌が父とともに築城。北条氏康の河越夜戦の舞台となった。江戸期の本丸御殿の一部が現存。関東7名城。

DATA

- 川越市郭町2丁目
- 長禄元年（1457）か
- 扇谷上杉氏、北条氏、酒井氏、堀田氏、松平氏
- 東武東上線、JR川越線川越駅及び西武新宿線本川越駅よりバス「市役所前」下車、徒歩約5分

©iroshi/PIXTA

空堀跡

鉢形城

北武蔵最大規模の要害で、長尾景春が主要部を築く。その後、山内上杉氏を経て、北条氏邦が大改修と拡張を行った。小田原攻め時、落城。

DATA

- 大里郡寄居町鉢形
- 15世紀後半～天正18年（1590）
- 長尾景春、北条氏邦
- JR八高線、東武東上線、秩父鉄道寄居駅より徒歩約25分

杉山城

戦国期城郭の最高傑作ともいわれる。北条氏の築城とされたが、近年、山内上杉氏の可能性が高まり、技巧的縄張が研究者に衝撃を与えている。

DATA

- 比企郡嵐山町
- 16世紀初頭～前半
- 不明
- 東武東上線武蔵嵐山駅より徒歩約50分

二の曲輪と空堀

©Cybister/PIXTA

田信玄、上杉謙信が奪い合った。やがて武蔵は小田原攻めで豊臣軍に席捲されるが、唯一屈しなかったのが忍城。埼玉県の城の来歴は多彩だ。

茨城県の名城

関東八屋形（※）に見られる名門大名が多い北関東。茨城県では佐竹氏をはじめとする諸氏が、独自の城を築く。

※関東の有力武士のうち、鎌倉公方足利家より屋形号を授けられた8家のこと。関東八家とも。

笠間城天守跡に続く石段

©Cybister/PIXTA

笠間城天守跡からの眺望

©oohashi2002/PIXTA

笠間城

佐白山に築かれた山城で、蒲生氏によって石垣のある近世城郭に改修された。特に天守台の石垣は関東随一とも。真浄寺に二層櫓が現存する。

DATA

- 笠間市笠間
- 鎌倉時代～
- 笠間氏、宇都宮氏、浅野氏、蒲生氏、松平氏　他
- JR水戸線笠間駅よりバス「稲荷神社」下車、徒歩約20分

「反北条氏勢」が集った北関東

東京、埼玉、神奈川、千葉の南関東と、茨木、栃木、群馬の北関東の中世城郭には違いがある。北関東には反北条氏の名門大名が多く、北条氏とは異なる独自の築城法が用いられている。

茨城県の反北条の筆頭は、佐竹氏。常陸源氏の嫡流で、鎌倉公方が定めた関東八屋形の一つだ。太田城を拠点に勢力を広げ、北条氏の侵攻を阻止している。笠間城に拠った笠間氏は、下野の名流宇都宮氏の一族で、宇都宮氏も反北条

©スキップ28号/PIXTA

水戸城

水戸徳川家の城で、国内最大級の土の城。馬場大掾(だいじょう)氏の築城から、江戸氏、佐竹氏の改修を経て、近世城郭に。佐竹氏時代の薬医門が現存する。

DATA

- 水戸市三の丸1～2丁目
- 12世紀末～
- 馬場大掾氏、江戸氏、佐竹氏、徳川氏
- JR常磐線水戸駅より徒歩約5分

©taktak99/PIXTA

DATA

- 土浦市中央1丁目
- 永享年間～
- 菅谷氏、結城秀康、松平氏、西尾氏、朽木氏、土屋氏
- JR常磐線土浦駅より徒歩約15分

土浦城

かつては、霞ケ浦周辺から引き入れた水堀が何重にも廻る水城だった。亀城公園以外にも、市内に遺構がある。本丸太鼓櫓門と霞門が現存。

太田城

佐竹氏が約460年間本拠にした。惣構えは鯨ヶ丘全域で、舞鶴小学校が主郭跡。遺構は少ないが、2020年に三の丸で堀が見つかった。関東7名城。

DATA

- 茨城県常陸太田市中城町
- 天仁2年（1109）～
- 藤原氏、佐竹氏
- JR水郡線常陸太田駅より徒歩約25分

©たき/PIXTA

だった。

一方、茨城県内の北条氏の拠点には、牛久(うしく)城、守谷(もりや)城がある。北条氏滅亡後、北条方の江戸氏の水戸(みと)城は、佐竹氏が攻略した。

栃木県の名城

関東八屋形の半数は栃木県の氏族だ。それぞれ勢力伸長とともに城を築き、北条氏侵攻の危機に手を結ぶ。

写真提供：唐澤山神社

唐沢山城（からさわやまじょう）

足尾山系南端の山城。佐野氏の城だが、北条氏と上杉氏の争奪戦となり、拡張が続いた。堅城で、関東には珍しい高石垣もある。関東7名城。

写真提供：唐澤山神社

DATA

- 佐野市栃本町、吉水町、富士町
- 15世紀後半〜
- 佐野氏、上杉氏、北条氏
- 東武佐野線田沼駅下車、徒歩約40分

勢力を糾合（きゅうごう）し、北条氏と対峙（たいじ）

鎌倉公方が定めた関東八屋形には、下野国（しもつけのくに）（栃木県）の氏族として宇都宮、小山（おやま）、長沼（ながぬま）、那須（なす）が入り、八屋形の実に半数を占（し）める。室町期の下野では彼らが勢力を保持し、宇都宮家臣の芳賀（はが）、益子（ましこ）らがこれに次いだ。

古河公方（こがくぼう）と関東管領上杉氏が争った享徳（きょうとく）の乱では、東山道筋が戦場となり、周辺に多くの城が築かれた。また北条氏の侵攻が始まると、鹿沼（かぬま）城の壬生（みぶ）氏らが北条に通じる一方、宇都宮氏は本拠を宇都宮城から、戦国最大級の山城・多気山城に移した。その後、下野の諸将は勢力を糾合し、小田原攻めまで北条氏と対峙する。

堀と清明台櫓

宇都宮城

名族宇都宮氏の530年に及ぶ居城で、北関東支配の拠点。本多正純により近世城郭に改修される。戊辰戦争の宇都宮戦争で落城。関東7名城。

DATA

- 宇都宮市本丸町
- 平安時代末〜
- 宇都宮氏、本多氏、奥平氏、戸田氏
- JR宇都宮線宇都宮駅より徒歩約25分

DATA

- 宇都宮市竹下町
- 永仁年間（1293〜98）〜天正18年（1590）
- 芳賀氏
- JR宇都宮線宇都宮駅よりバス「下竹下」下車、徒歩約10分

空堀と横矢

飛山城

宇都宮氏の重臣芳賀氏の城。宇都宮城の東約7km、眼下に鬼怒川を望む段丘上の巨城だった。豊臣秀吉の命令で破城。空堀、土塁などが残る。

DATA

- 大田原市前田
- 天正4年（1576）
- 大関氏
- JR東北本線西那須野駅よりバス「黒羽支所」下車、徒歩約10分

黒羽城

大関高増の築城。大関氏は外様だが、関東では珍しく明治まで支配が続いた。城跡は土塁や深い空堀などが残り、城址公園の周辺にも遺構がある。

空堀

群馬県の名城

室町時代の群馬には大勢力がなく、他国からの侵攻を受けやすかった。しかし、戦乱の中で数々の名城が生まれる。

高崎城

和田氏の和田城跡に、井伊直政が築いた近世城郭。譜代大名の居城となった。3代将軍家光の弟忠長が城内で切腹。乾櫓、東門が現存する。

土塁と堀

DATA

- 高崎市高松町
- 慶長2年（1597）
- 井伊直政、諏訪氏、酒井氏、戸田氏、松平氏、安藤氏　他
- JR、上信電鉄高崎駅下車、徒歩約10分

武田、北条、上杉、三つ巴の地

鎌倉時代の上野国（群馬県）の有力豪族は、新田氏。なかでも新田義貞が有名で、徳川家康も一族の末裔を称した。

本格的な城郭が多数出現するのは室町時代の享徳の乱以降で、金山城や箕輪城、厩橋城といった名城も、戦乱の中で築かれることになった。

また室町時代の上野には、新田岩松氏の他に大勢力がなく、中小の領主が自らの支配地を守る城を築いた。このため他国より侵攻を

大手虎口付近

©hiroshi/PIXTA

金山(かなやま)城

新田岩松氏が築いた山城。由良氏の時代に武田、上杉、北条らと戦い、特に妙印尼の籠城は有名。関東では珍しく石垣を多用した、関東7名城。

DATA

- 太田市金山町
- 文明元年（1469）
- 新田岩松氏、横瀬氏・由良氏
- 東武伊勢崎線太田駅より徒歩約60分

©たき/PIXTA

郭馬出(かくうまだし)と櫓門

箕輪(みのわ)城

長野氏の本拠で、関東有数の横堀が廻る大城郭。西上野の要として、武田、北条が奪い合った。井伊直政が大改修を行う。石垣、空堀等が残る。

DATA

- 高崎市箕郷町
- 15世紀末～
- 長野氏、武田氏、織田氏、北条氏、徳川氏
- JR、上信電鉄高崎駅よりバス「城山入口」下車、徒歩約10分

沼田城

武田、上杉、北条が奪い合った、北関東の要衝。城の帰属をめぐり、真田昌幸は徳川家康と手切れに。本丸跡に櫓台、石垣、堀の一部が残る。

DATA

- 沼田市西倉内町
- 享禄2年（1529）～
- 沼田氏、本庄秀綱、猪俣邦憲、真田氏
- JR上越線沼田駅より徒歩約30分

沼田城址公園の鐘楼

©m.Taira/PIXTA

受けやすく、戦国期には武蔵から北条、信濃(しなの)から武田、越後(えちご)から上杉が来攻、争奪戦を演じ、沼田(ぬまた)城や名胡桃(なぐるみ)城など、戦国史の行方(ゆくえ)を変えた数々の城も存在する。

神奈川県の名城

神奈川県は中世、鎌倉幕府や鎌倉府があり、関東武士の中心地だった。やがて、戦国最大の惣構えが現れる。

小田原城遠望

©t.sakai/PIXTA

小田原城

北条氏の本拠で、当時の主郭は、現在、天守のある場所より北、小田原高校付近の丘にあった。惣構えの塁壁は約9kmに及び、戦国最大を誇る。

水堀

©t.sakai/PIXTA

DATA

- 小田原市城内
- 不明
- 大森氏、北条氏、大久保氏
- JR、小田急線田原駅より徒歩約15分

戦国最大の惣構えVS総石垣の城

中世の相模国は、鎌倉幕府や室町時代の鎌倉府の所在地だ。鎌倉街道も整備され、それが各地の築城にも影響を与えた。ただ、神奈川県内の城といえば、戦国期の扇谷上杉氏、そしてやはり北条氏が中心となる。

北条氏の主要な城は、本拠の小田原城をはじめ玉縄城、小机城、津久井城、河村城などがある。いずれも規模が大きいが、なかでも小田原城は、惣構えが全長約9キロ（屈曲する塁壁の長さは約12キ

石垣跡

©Cybister/PIXTA

石垣山城

豊臣秀吉が小田原城攻略のために築かせた陣城で、東国初の総石垣造りだった。小田原城を見下ろす巨城の出現は、北条陣営の戦意をくじいた。

DATA

- 小田原市早川
- 天正18年（1590）
- 豊臣秀吉
- JR東海道本線早川駅より徒歩約60分、箱根登山鉄道入生田駅より徒歩約50分

小机城

山内上杉氏の家宰・長尾氏を経て、北条氏の支配へ。多摩川以南を領する南武蔵の拠点で、小田原城と江戸城、玉縄城、府中等をつなぐ城だ。

DATA

- 横浜市港北区
- 室町時代
- 北条三郎、氏堯、氏信、氏光
- JR横浜線小机駅より徒歩約15分

©Taku/PIXTA

空堀跡

河村城

相駿国境の河村口を押さえる北条氏の城。尾根上の東西に曲輪を配し、県内最大の障子堀がある。遺構から新旧の河村城の存在が判明した。

DATA

- 足柄上郡山北町山北、岸
- 不明
- 河村氏、北条氏
- JR御殿場線山北駅より徒歩約30分

畝堀

©たき/PIXTA

口）に及び、戦国最大とされる。これに対し関白秀吉は、総石垣の石垣山城を築いて圧倒した。小田原城と石垣山城、両城を見比べるのも興味深い。

千葉県の名城

鎌倉公方と関東管領の争いは、下総の名族・千葉氏を弱体化。代わって里見氏、北条氏らが進出、激しい戦いが続く。

空堀

©barman/PIXTA

薬医門

©mochyboo/PIXTA

佐倉城

千葉氏が着工し、土井利勝が完成させた。印旛沼を外堀に、2つの川に挟まれる。堀田氏代々の城となり、薬医門が現存。曲輪も良好に残る。

DATA

- 佐倉市城内町
- 天文年間〜
- 土井利勝、堀田氏
- JR総武本線佐倉駅より徒歩約25分、京成電鉄京成佐倉駅より徒歩約20分

千葉、足利、里見、北条らの興亡

源頼朝の覇業に貢献した千葉氏は、鎌倉幕府重臣となり、室町時代まで下総守護の家柄だった。やがて鎌倉公方足利氏と関東管領上杉氏が対立。足利氏は下総古河に移り、争いに巻き込まれた千葉氏は、宗家が同族に討たれた。後継の下総千葉氏は、本拠を千葉城から本佐倉城に移す。

一方、安房から里見氏が上総の久留里城に進出し、北条氏も小金城、本納城他を押さえて、房総を窺った。

東山馬場付近の模擬大盾

本佐倉城

名族千葉氏が、千葉城（亥鼻城）から移した本拠地。印旛沼に面した水陸交通の要衝で、下総最大規模を誇った。千葉氏終焉の城でもある。

DATA

- 印旛郡酒々井町・佐倉市大佐倉
- 15世紀後半～
- 千葉氏
- 京成本線京成大佐倉駅より徒歩約10分

大多喜城遠望

大多喜城

夷隅川を望む丘陵に武田氏が築城。里見家宿老・正木氏の居城を経て、本多忠勝が城主に。戦国の城を近世城郭に改めた。二の丸薬医門が現存。

DATA

- 夷隅郡大多喜町
- 16世紀前半～
- 武田氏、正木氏、本多氏、阿部氏、稲垣氏、松平氏
- いすみ鉄道大多喜駅より徒歩約15分

久留里城

安房から上総に進出した里見義堯の拠点。義堯は里見家最盛期を築く。その後、一旦廃城。江戸期に黒田氏によって近世城郭に改変された。

DATA

- 君津市久留里市場
- 16世紀
- 上総武田氏、里見義堯、大須賀忠政、土屋忠直、黒田直純
- JR久留里線久留里駅より徒歩約30分

久留里城模擬天守からの城下の眺め

この他、千葉県には、北条氏康が「一国と同じ価値」と評した関宿城（野田市）や、上杉謙信を撃退した臼井城（佐倉市）などの中世の名城も存在する。

掲載城跡名索引

あ

赤塚城（板橋区）……p.20
赤堤砦（世田谷区）……p.59
浅野長政屋敷（府中市）……p.82
網代城（あきる野市）……p.131
飛鳥山城（北区）……p.29
愛宕山砦（練馬区）……p.54
新井宿城（大田区）……p.68

い

池上氏館（大田区）……p.66
石垣山城（神奈川県）……p.153
石浜城（荒川区）……p.34
井出ノ沢塁（町田市）……p.106
稲付城（北区）……p.26
今井城（港区）……p.44
今井城（青梅市）……p.133
伝今川氏館（品川区）……p.63

う

牛込城（新宿区）……p.46
宇都宮城（栃木県）……p.149
右馬頭屋敷（練馬区）……p.54

え

江戸城（千代田区　他）……p.10

お

伝大江氏館（八王子市）……p.126
大多喜城（千葉県）……p.155
太田城（茨城県）……p.147
大丸城（稲城市）……p.90
奥沢城（世田谷区）……p.58
小沢蔵屋敷（稲城市）……p.88
小沢城（稲城市）……p.87
忍城（埼玉県）……p.144
小田野城（八王子市）……p.118
小田原城（神奈川県）……p.152
小野路城（町田市）……p.100
小山田城（町田市）……p.102

か

伝葛西清重館（葛飾区）……p.37
葛西城（葛飾区）……p.36
笠間城（茨城県）……p.146
伝梶原氏館（品川区）……p.64
伝梶原氏館（八王子市）……p.127
梶原堀之内（北区）……p.31
片倉城（八王子市）……p.124
勝沼城（青梅市）……p.134
金山城（群馬県）……p.151
辛垣城（青梅市）……p.135
唐沢山城（栃木県）……p.148
烏山城（世田谷区）……p.59
川越（河越）城（埼玉県）……p.145
川辺堀之内城（日野市）……p.91
河村城（神奈川県）……p.153

き

喜多見城（世田谷区）……p.62

く

久留里城（千葉県）……p.155
黒羽城（栃木県）……p.149

こ

高安寺塁（府中市）……p.83
小机城（神奈川県）……p.153
御殿山城（新宿区）……p.47
御殿山城（品川区）……p.65
伝狛江入道館（調布市）……p.79

さ

斎藤氏屋敷（大田区）……p.70
佐伯屋敷（多摩市）……p.99
佐倉城（千葉県）……p.154
沢山城（三輪城）（町田市）……p.104

し

伝品川氏館（品川区）……p.65
柴崎陣屋（調布市）……p.79
渋谷城（渋谷区）……p.50
島屋敷（三鷹市）……p.77
志村城（板橋区）……p.22
石神井城（練馬区）……p.52
浄福寺城（八王子市）……p.123
白金城（港区）……p.43
城山（中野区）……p.49
深大寺城（調布市）……p.80

す

杉山城（埼玉県）……p.145

せ
関戸城（多摩市）……p.98
世田谷城（世田谷区）……p.56
瀬田城（世田谷区）……p.61

た
高崎城（群馬県）……p.150
高月城（八王子市）……p.122
高幡城（日野市）……p.92
滝野川城（北区）……p.28
滝山城（八王子市）……p.120
伝立川氏館（立川市）……p.86
館の城（青梅市）……p.136

つ
筑土城（新宿区）……p.48
土浦城（茨城県）……p.147

て
出羽山砦（八王子市）……p.126
天神山城（三鷹市）……p.76

と
道灌山（荒川区）……p.35
徳丸石川遺跡（板橋区）……p.24
戸倉城（あきる野市）……p.132
廿里砦（八王子市）……p.127
等々力城（世田谷区）……p.60
舎人屋敷（足立区）……p.33
殿丸城（町田市）……p.105
飛山城（栃木県）……p.149

な
長島高城（江戸川区）……p.37
中曽根城（足立区）……p.32
長沼城（稲城市）……p.89
中野長者屋敷……p.49
行方氏館（大田区）……p.71
成瀬城（町田市）……p.107

に
西久保城（港区）……p.45

ぬ
沼田城（群馬県）……p.151

ね
根小屋城（あきる野市・八王子市）……p.130
練馬城（練馬区）……p.55

は
八王子城（八王子市）……p.114
鉢形城（埼玉県）……p.145
初沢城（八王子市）……p.128
番神山城（港区）……p.45

ひ
檜原城（檜原村）……p.139
伝日奉氏館（日野市）……p.94
平塚城（北区）……p.30
平山氏館（日野市）……p.96
平山城（日野市）……p.95

ふ
深沢城（世田谷区）……p.60
袋の殿山（北区）……p.31
藤橋城（青梅市）……p.137
舟渡遺跡（板橋区）……p.25

ほ
星ヶ岡城（千代田区）……p.42

ま
馬込城（大田区）……p.69
松木屋敷（八王了市）……p.129

み
御嶽城（青梅市）……p.138
水戸城（茨城県）……p.147
箕輪城（群馬県）……p.151
伝宮城氏館（足立区）……p.33

む
村山城（瑞穂町）……p.129
牟礼砦（三鷹市）……p.78

め
伝目黒氏館（目黒区）……p.63

も
百草城（日野市）……p.97
本佐倉城（千葉県）……p.155
百村館（稲城市）……p.89

や
谷保の城山（国立市）……p.84

ゆ
由木城（八王子市）……p.128

ろ
六郷殿館（大田区）……p.71

神社・お寺

神々だけに許された地 秘境神社めぐり

自然と神々の息吹にふれられる
全国の聖なる秘境を訪ねます。

著：渋谷申博
本体 1600円+税

日本のお寺・神社 絶壁建築めぐり

なぜ、こんなところにあるの!?
断崖や洞窟にそびえる懸造り100選。

著：飯沼義弥
本体 1600円+税

全国 天皇家ゆかりの神社・お寺めぐり

神武の御代から令和まで――
天皇家ゆかりの神社・寺を訪ねます。

著：渋谷申博
本体 1600円+税

東京あるき

東京 着物さんぽ

着物を着て散歩するのにぴったりの
レトロ&モダンな街を案内。

著：きくちいま
本体 1600円+税

東京 わざわざ行きたい 地元の揚げもの屋さん

コロッケ・メンチ・から揚げetc.
東京の揚げもの屋さんを集めました。

本体1600円+税

東京 わざわざ行きたい 街の文具屋さん

老舗の画材屋や輸入文具店など、
東京の文具屋ワンダーランド！

著：ハヤテノコウジ
本体1600円+税

ローカル

全国 むかし町めぐり

歴史ロマンの風情漂う街並み――。
全国65か所、時空を旅しよう。

本体 1680円+税

京都のちいさな美術館めぐりプレミアム

京都ゆかりの作家・名画、和風建築
etc.こだわりの美術館90軒を掲載。

著：岡山拓、浦島茂世
本体 1600円+税

甲州・信州のちいさなワイナリーめぐりプレミアム

飲める、買える、体験できる――
個性豊かな95ワイナリーを歩く。

本体 1600円+税

辻 明人

1966年東京生まれ。出版社勤務。歴史雑誌の編集部に18年間在籍し、うち12年間、編集長を務める。現在は歴史コンテンツプロデューサーの業務の一環として、歴史に関わる企画協力、原稿執筆などを行う。小学館和樂webに歴史記事を多数寄稿。

小和田哲男

歴史学者、文学博士。日本中世史、特に戦国時代史を専門とする。(公財)日本城郭協会(理事長) ほか、所属学会多数。1944年静岡生まれ。1972年、早稲田大学大学院文学研究科博士課程修了。2009年、静岡大学を定年退職。現在、静岡大学名誉教授。『日本人は歴史から何を学ぶべきか』(三笠書房)、『戦国の城』(学研新書) ほか著書多数。

STAFF

企画・編集　小芝俊亮(小道舎)
編集協力　小芝絢子(小道舎)
AD　山口喜秀(Q.design)
デザイン　森田千秋(Q.design)
カバーザイン　酒井由加里(Q.design)
地図製作　マップデザイン研究室
用紙　紙子健太郎(竹尾)
企画・営業　峯尾良久、長谷川みを(G.B.)

参考文献

『日本城郭大系 5 埼玉・東京』(新人物往来社)
東京都教育委員会編『東京都の中世城館』(戎光祥出版)
峰岸純夫・齋藤慎一編『関東の名城を歩く　北関東編』(吉川弘文館)
峰岸純夫・齋藤慎一編『関東の名城を歩く　南関東編』(吉川弘文館)
『名城を歩く　24 江戸城』(PHP研究所)
香川元太郎『47都道府県別 よみがえる日本の城』(PHP研究所)
平野 勝『むさしの「城跡」ウオーキング』(東京新聞出版局)
黒田基樹『【図説】　太田道灌』(戎光祥出版)
黒田 涼『江戸城を歩く』(祥伝社新書)
荻窪 圭『東京古道散歩』(中経の文庫)
荻窪 圭『江戸・東京 古道を歩く』(山川出版社)
村上春樹『平将門伝説ハンドブック』(公孫樹舎)

首都に眠る戦国遺構
東京の城めぐり

初版発行　2021年6月28日

著者　辻明人
監修　小和田哲男
発行人　坂尾昌昭
編集人　山田容子

発行所　株式会社G.B.
〒102-0072　東京都千代田区飯田橋4-1-5
電話　03-3221-8013 (営業・編集)
FAX　03-3221-8814 (ご注文)
URL　https://www.gbnet.co.jp
印刷所　音羽印刷株式会社

滝山城(南馬出付近)

ISBN 978-4-910428-07-9